80 ans,
un certain âge

DU MÊME AUTEUR

L'Humanité, apothéose ou apocalypse ?, Fayard, 2017

Fragments de lucidité, Fayard, 2016

C'est la vie !, Albin Michel, 2015

Pourquoi les riches ont gagné, Albin Michel, 2014

Aimer (quand même) le XXIe *siècle*, Albin Michel, 2012

Trop vite !, Albin Michel, 2010

Une vie en plus, avec Joël de Rosnay et François de Closets, Seuil, 2005

Vivre content, Albin Michel, 2002 ; Le Livre de poche, 2005

Le Nouvel Art du temps, Albin Michel, 2000 ; Le Livre de poche, 2002

Le Métier de patron, Fayard, 1990

Le Retour du courage, Fayard, 1986

L'Art du temps, Fayard, 1983

Questionnaire pour demain, Ramsay, 1977

À mi-vie, Stock, 1977

L'Entreprise à visage humain, Robert Laffont, 1973

Le Pouvoir d'informer, Robert Laffont, 1972

Jean-Louis Servan-Schreiber

80 ans, un certain âge

Albin Michel

Toutes les portions de chapitre intitulées
« Le Quadra » sont extraites de *À mi-vie* (Stock, 1977)

À Jean-Claude Servan-Schreiber,
mon cousin, héros de guerre, bon vivant,
mort le 11 avril 2018,
le jour de ses cent ans

«Un octogénaire plantait.
Passe encor de bâtir ; mais planter à cet âge !
Disaient trois jouvenceaux, enfants du voisinage…
[…]
À quoi bon charger votre vie
Des soins d'un avenir qui n'est pas fait pour vous ?
Ne songez désormais qu'à vos erreurs passées…»

Jean de La Fontaine,
«Le vieillard et les trois jeunes hommes»

Sommaire

Naguère, avant la longévité, on craignait la crise de la quarantaine. Pourtant, en 1978 je ne me sentais pas vieux du tout. Avoir quarante ans représentait plutôt à mes yeux un point d'étape, un premier bilan, une occasion de me poser les questions de toute vie. C'est ainsi que j'avais décidé d'écrire *À mi-vie* et de l'introduire ainsi : « Il paraît que c'est un âge charnière. Serait-ce parce que la vie commence à grincer ? Les tables d'espérance de longévité me créditent d'une durée à peu près égale à celle que je viens de consommer. Statistiquement, me voici donc à mi-vie. »

Et voici que, presque soudainement, je me retrouve quarante ans plus tard. Le Quadra est devenu Octo, la Terre a tourné, les naissances et les morts se sont succédé autour de moi. Le temps a passé, ai-je beaucoup changé ? Physiquement bien sûr, mais affectivement, mentalement ? Cela mérite examen.

Je me suis amusé à reprendre, dans leur texte d'origine, les chapitres du livre du Quadra que je fus et de les revisiter quatre décennies plus tard. Derrière moi une vie, devant moi quelques années, ce fait indéniable est à la base de toutes les réflexions, sentiments ou sensations ici décrits.

J'ai titré ce livre *Un certain âge*, euphémisme pour indiquer que l'on est vieux. À 80 ans, c'est un fait incontestable. Reste à en découvrir les conséquences et la pratique, l'objet même de ce livre.

Montaigne est souvent cité pour avoir écrit : « Philosopher c'est apprendre à mourir. » Pour moi ce n'est pas tout à fait ça, car personne n'a jamais raté sa mort. Philosopher, c'est-à-dire penser son existence, c'est apprendre à bien la vivre jusqu'à la fin.

Alors allons-y !

1978
IL Y A QUARANTE ANS...

- Giscard président de la République.
- Moitié moins d'humains sur terre.
- Forte croissance, peu de chômage.
- Le rideau de fer toujours là.
- Révolution culturelle en Chine.
- Adhésion du Royaume-Uni à la CEE.
- Premier vol du Concorde.
- Pas encore de TGV.
- Ni Internet ni portables.
- Radios et télévisions pas libérées.
- *Le Parrain*, *Star Wars*, *Apocalypse Now*.
- Patrick Modiano prix Goncourt pour *Rue des boutiques obscures*.

Le temps

1978
LE QUADRA

« Le temps file entre les doigts comme une corde folle, et les frustrations commencent à s'accumuler. »

Ce qui a le plus changé au cours de ma première mi-temps, c'est, justement, mon attitude à l'égard du temps. De la dépense insouciante, je suis passé à la gestion jalouse.

Si l'on garde quelques nostalgies de l'enfance, c'est que le temps y paraissait infini. Au point de passer trop lentement. Si nous avons, à quelque moment de notre vie, notion de l'éternité, ce doit être vers dix ans. Mais à vingt ans, on sait déjà compter avec le temps. Du moins sur le court terme. On a raté quelques examens pour avoir mal utilisé le temps de préparation ; manqué des trains pour avoir calculé trop juste le trajet vers la gare ; passé quelques nuits blanches pour remettre un travail dans les délais prévus. Le temps prend son rythme dès qu'il faut s'en servir. On le sent filer le long de sa barque, mais les chutes sont encore trop loin pour qu'on en devine le grondement sourd.

Quelque part entre trente et quarante ans se produit un changement décisif et irréversible : un sentiment profond que sa propre durée est comptée et que chaque journée ampute, inexorablement, ce qui en reste. Nous nous apercevons que notre compte en banque temporel est limité, sans savoir pour quel montant. Cette conviction nouvelle m'est venue assez tôt, entre trente et trente-deux ans. J'ai d'abord cru que c'était une prise de conscience toute personnelle. Mais des observations psychologiques récentes montrent que, vers cet âge, tous les humains franchissent cette sorte de puberté de l'âme.

On nous apprend très tôt que nous sommes mortels, pourtant nous ne le percevons concrètement que plus tard. Celui qui usait du temps avec la même facilité que de l'air et de l'eau comprend soudain qu'il n'en possède qu'un stock limité, non renouvelable, et qui ne pourra jamais être – comme la plupart des éléments naturels – recyclé pour réutilisation. J'ai donc admis qu'il s'agissait de ma matière première la plus rare, et qu'il fallait en tirer quelques conclusions pratiques.

C'était d'autant plus urgent que je menais la vie des débordés. À l'âge où un jeune patron construit sa carrière, aux journées de douze heures succèdent les week-ends de travail, aux voyages d'affaires les conférences nocturnes. Le temps file entre les doigts comme une corde folle, et les frustrations commencent à s'accumuler : « C'est le soir, l'heure raisonnable pour dîner est passée. Avant de descendre prendre ma voiture au parking (puisqu'il est tard, au moins rentrerai-je sans encombrements), j'essaie de me souvenir de ce que j'ai fait aujourd'hui : cinq rendez-vous, dont le déjeuner, deux conférences ; je ne compte pas les coups de téléphone, j'en ai la tête farcie. Comment savoir ce qui, dans ce flot de paroles échangées, était important ? Peut-être rien. Heureusement, ce soir nous ne sortons pas. Je vais tomber comme une masse. Pourtant, il aurait fallu que je finisse cette note sur le marketing.

Voilà trois jours que je n'ai pas passé plus de deux minutes de suite avec les enfants. Une caresse, un sourire ne leur ont pas suffi. Il paraît qu'ils me réclament. Ce week-end, c'est décidé, je les emmène canoter... Si demain je peux finir ma note et tout le courrier en retard... Ah non, merde ! Demain je vais à Bourges et, en voiture, je ne pourrai même pas lire. Pourtant, j'ai quatre numéros du *Monde* en retard. Je ne sais pas comment font les autres... Décidément, je tourne en rond ce soir, je n'ai plus les idées claires ; après une bonne nuit – trop courte – cela ira mieux demain matin... »

Un manager parmi d'autres, en train de se noyer dans les vagues de papiers qui s'entassent sur son bureau. À la maison, la pression monte : « Les enfants grandissent sans toi ; nous ne voyons jamais personne ; pourquoi avoir acheté cet appartement à Deauville, puisque nous n'y allons pas ? Laisse-moi te prendre un rendez-vous chez le médecin, tu es vraiment épuisé... » Peut-être veut-elle faire remarquer à son mari qu'ils ne font plus tellement l'amour. C'est vrai que l'envie lui manque. Trente ans, ce serait le début du déclin ?

Quand, alors, lui arrive la révélation du temps limité, il en conclut, habitué à procéder par extrapolations, que sa vie sera vite brûlée et que, s'il échappe à l'infarctus, il va se retrouver à la retraite sans avoir rien vu passer.

L'homme jeune est poussé par la société de productivité à donner le pas à son métier sur sa vie personnelle (et donc sur celle de sa femme et de ses enfants). Bravement il le fait et en conçoit même une certaine fierté. Sa semaine de soixante-cinq heures n'est-elle pas la preuve concrète qu'on le prend au sérieux, qu'il appartient à la caste dirigeante ? Il ne prive pas seulement les siens de sa présence et de sa tendresse (moins on le voit chez lui, plus il se montre irascible), mais lui-même oublie la couleur du ciel, les harmonies de sa coûteuse chaîne hi-fi, la paix d'une soirée de lecture. Et, en plus, il grossit.

Confronté à mon tour à cette situation, j'ai d'abord tenté de fixer quelques principes, le plus simple étant, bien sûr, de déléguer tout ce qu'il n'est pas indispensable que je fasse moi-même. Pas très original ! C'est écrit depuis trente ans en tête de tous les livres de management. Mais admettre concrètement que d'autres puissent faire aussi bien, et même mieux que vous, suppose un minimum de maturité. Toujours dans la stratégie : compter ses pôles d'activité, mangeurs de temps, les réduire s'ils sont trop nombreux. Comment s'y prendre?

Maintenant, la tactique. Évaluer désormais l'importance relative des demandes qui sont faites sur votre temps et rejeter froidement celles qui ne sont pas «rentables». J'emploie à dessein ce mot qui fait un peu grincer des dents : la rentabilité. Tel que je l'entends ici, il ne s'applique pas à des résultats financiers mais aux satisfactions existentielles.

Faire rire ma dernière-née est d'une rentabilité élevée; dîner coincé entre deux personnes aux préoccupations mondaines et me coucher tard est d'une rentabilité négative. Aller faire une conférence à la chambre de commerce de Besançon (s'ils lisent cela, ils ne m'inviteront plus jamais) est d'une rentabilité marginale. Écrire un article pour un trimestriel mexicain (je ne prends que des exemples vécus) ne m'apportera rien. Parler souvent et longuement à mes principaux collaborateurs est rentable. Mais aussi composer minutieusement un menu destiné à une soirée amicale, ou écouter une des sonates pour flûte de Bach. En revanche, utiliser quarante-cinq minutes pour m'acheter des chemises n'est pas rentable.

Un autre principe tactique dans l'emploi du temps consiste à prévoir des «respirations». Si j'éprouvais, certains soirs, un sentiment d'asphyxie, c'est que les rendez-vous, les tâches à accomplir s'étaient, sous prétexte de gagner du temps, enchaînés sans aucune coupure. C'était non seulement abrutissant, mais inefficace. Toute discussion importante devrait être précédée d'un moment de préparation : « Que vais-je dire ? À quoi faut-il aboutir ? » et suivie d'un instant d'évaluation (de ce qui a été décidé, de ce qui reste en suspens, des décisions à prendre).

La pratique est souvent différente : on arrive en retard à une réunion que l'on n'a pas préparée et dont on vous communique, en séance, l'ordre du jour (quand il y en a un). Comme fatalement elle déborde l'horaire prévu, on part avant la fin, déjà en retard pour le rendez-vous suivant où l'on se précipite, sans avoir réfléchi sur ce qu'il y a d'essentiel à en tirer. C'est ainsi que les dirigeants modernes, dotés d'une richesse d'informations sans précédent, et de méthodes sophistiquées, se fient le plus souvent à leur don d'improvisation en séance et à leurs réactions intuitives. La plupart de leurs gaffes majeures s'expliquent ainsi.

Si, avant la guerre, j'avais eu une affaire à traiter à New York, j'aurais passé plusieurs jours bloqué sur un transatlantique. Horrible perte de temps ? Excessive, j'en conviens. Mais aujourd'hui où le voyage ne prend que quelques heures, je vais profiter du calme d'un jet sans téléphone pour lire avidement des rapports et des articles en retard.

Les cadres supérieurs restent incrédules devant les résultats d'enquêtes qui montrent qu'au cours d'une journée, ils passent rarement plus de dix à quinze minutes de suite sur un même problème à cause des interruptions constantes et du déroulement de leurs rendez-vous. À travail en miettes, réflexions en miettes.

Tous les matins, un peu avant huit heures, assis à mon bureau, je remplis mon plan de journée. Une vingtaine de minutes pendant lesquelles je vois se dérouler cette dernière avec ses problèmes et ses nuances particulières. Conscient ensuite de ce qui m'attend – ou me menace –, je descends prendre mon petit déjeuner. Au cours de la journée, je repère sur ce plan l'ensemble des tâches à accomplir. Au fur et à mesure, je barre ce qui est achevé et, si le temps me manque, je peux réestimer à tout moment ce qui est prioritaire. Les urgences sont sûres, dès lors, de passer d'abord.

Ainsi ai-je bricolé un système pour la gestion de mon temps. Cette approche personnelle ne conviendrait pas à d'autres tempéraments. Mais chacun de ceux qui sentent leur vie leur glisser des mains aimerait, à sa manière, reprendre la maîtrise de son temps.

Toutefois ce côté productiviste pour améliorer l'efficacité du travail des décisionnaires m'intéresse beaucoup moins que les résultats que j'ai obtenus dans ma vie personnelle. Par rapport à il y a cinq ans, je rentre plus tôt chez moi, j'ai rarement le sentiment de courir après des travaux en retard, je n'ai pas de piles de papiers sur mon bureau et je dors mieux la nuit. Le temps passe toujours aussi vite, mais au moins en suis-je davantage conscient.

2018
L'OCTO

« Je vais bientôt mourir et, comme disait le tant regretté Pierre Desproges, je fais quoi en attendant ? »

La différence, radicale, entre le temps du Quadra et celui de l'Octo tient dans cette boutade d'un Sacha Guitry vieillissant, dérangé par une importune : « Maître, je sais que vos instants sont précieux. – Non, madame, ils sont comptés. » J'ai voulu savoir pour moi de combien ; un test en ligne me répond en fonction de ma date de naissance, sexe, nationalité, etc. Clic ! À quatre-vingts ans, je devrais avoir encore 8,52 ans à vivre. Huit printemps, huit étés avant l'hiver, avant le noir, avant la poussière.

Je sais que ce n'est pas une sentence. Avec un bon entretien de ma carcasse et de la chance, je pourrais tirer cinq, peut-être dix ans de plus. Oui mais dans quel état ? Et je sais d'expérience combien cinq ou dix ans passent comme l'éclair. Il y a cinquante ans, en Mai 68, Georges Moustaki grattait déjà sa guitare : « Passe, passe le temps, il n'y en a plus pour très longtemps. »

Certains soirs, je me sens comme un conducteur qui voit l'aiguille de sa jauge entrer dans le rouge et sait qu'il n'existe pas de station pour ce carburant-là. Pas plus que ce véhicule n'a de pédale de frein. Trêve de métaphores, je vais bientôt mourir et, comme disait le tant regretté Pierre Desproges, je fais quoi en attendant ?

D'abord me souvenir, comme maître en la matière, que l'humour est la politesse du désespoir. Les bons mots ne manquent pas sur ce thème. « Le temps est un grand professeur, mais il tue tous ses élèves » (Berlioz) ou encore : « Je tue le temps et le temps me tue. On est à l'aise entre assassins » (Cioran). N'aggrave-t-on pas le tragique en le prenant au sérieux ?

Mais sourire ne me soulagera pas longtemps de mon dilemme. Le temps était pour moi le champ d'action qui s'étendait devant moi. Désormais il est la durée qui me sépare de ma fin. C'était vrai depuis le jour de ma naissance, mais je pouvais me permettre de suivre le conseil de Montaigne : penser sa mort avec nonchalance. Ça devient plus difficile car, en vivant, j'ai appris que le temps s'accélère avec l'âge.

Enfant, un an était pour moi une éternité. Jeune adulte, cinq ans passaient plus vite que je ne m'y attendais. Et un jour, vers la soixantaine, pensant à un événement vécu vingt ans auparavant, j'ai connu l'effroi de sentir que c'était hier. Toute ma vie m'a soudain semblé si brève. L'Octo n'a pas vingt ans devant lui, plutôt un nombre d'années qui se compte sur les doigts de ses mains. Cinq, dix ou quinze, peu importe, elles vont s'envoler très vite.

Si je n'ai aucune prise sur le temps, je peux au moins agir sur mon ressenti, mes pensées, l'emploi de ce temps-là. À cet égard Quadra et Octo ne sauraient être plus différents.

Plus jeune j'étais entrepreneur, développeur, avançant d'un projet concret à un autre. J'étais même parvenu à faire du bon usage du temps un commerce. Comme j'avais mis au point pour moi-même une méthode d'optimisation de mon temps encombré, j'ai proposé aux lecteurs de L'*Expansion*, alors mon magazine, d'y être initiés en deux jours de stage. En quatre ans, nous avons ainsi formé vingt mille clients à la méthode Templus.

Estimant qu'il leur fallait une sorte de manuel pour qu'ils saisissent l'esprit et la pratique de cette approche, je m'étais fixé de l'écrire en six semaines. C'est devenu un livre, L'*Art du temps*, qui avec deux cent mille exemplaires vendus en librairie reste mon best-seller personnel. J'ai même fait alors la couverture du magazine *Médias* (disparu depuis comme tant d'autres) où ma photo était titrée : « L'heure du maître ». Maître du temps, quelle dérision ! Quelle fanfaronnade ! J'ai depuis affiché cette couverture dans mes toilettes ; chaque fois que j'y entre, ça me fait sourire.

Pour l'Octo, devenu pauvre en temps, il reste à cultiver l'attitude la plus juste face à ce déroulement inexorable. Il n'est évidemment plus question de maîtrise d'un temps qui s'effiloche, mais d'une conscience différente de ce dernier. Je l'ai toujours eue au fond de moi, mais il devient urgent maintenant de lui donner toute sa place, prioritaire.

Changement fondamental : auparavant je réfléchissais aux moyens d'utiliser au mieux le temps, déjà rare dans ma vie ; maintenant qu'il ne m'en reste que des miettes, je veux le déguster, le sentir passer en moi, à travers des sentiments, des observations, ces micro-jouissances d'être.

Le vécu de l'Octo devient du temps existentiel. Il n'a rien de mieux à en attendre que ce sentiment primordial d'être encore vivant. Nous risquons tous la même erreur en voulant remplir notre temps comme une péniche. À nous concentrer pour qu'elle ne s'enfonce pas dans l'eau, nous perdons de vue le paysage et ne profitons pas du voyage.

Octo, j'ai enfin compris que pour donner à mon temps vécu toute la place, il fallait faire le vide autour de lui. Une image me vient, celle du curling, ce sport olympique où l'on lance sur une piste de glace de lourdes pierres de granit polies vers la cible à atteindre. Dans les derniers mètres les assistants de l'athlète balayent frénétiquement les cristaux de glace devant la pierre pour qu'elle aille, majestueusement, le plus loin possible. J'essaie de même d'éliminer autour de moi les scories d'activités qui brouillent si vite mon sentiment d'exister.

Pour profiter pleinement du temps qui me reste, je me suis donc allégé des activités extérieures.

Je les multipliais naguère quand des réalisations concrètes de mon action me donnaient une place, un rôle, une visibilité. Octo, je sens que des projets « séculiers » ne feraient que me tirer vers le monde des illusions. Or je recherche maintenant élévation et expansion intérieures, entre moi et moi. L'important n'est plus ce que j'accomplis, mais l'intensité de ce que je ressens.

Les effets sont prometteurs. En me libérant de la plupart de mes obligations, à part celles que j'assumerai toujours, par amour ou par sympathie, j'ai l'impression de pouvoir enfin me promener dans le jardin du temps, où je peux cueillir çà et là une fleur qui m'inspire. Un sourire, un rayon de soleil, une première gorgée, quelques mesures des *Variations Goldberg* font l'affaire. Par ces flashs de bien-être, j'ai le sentiment d'exister plus pleinement parce que plus simplement. Mon travail, qui n'en est justement pas un, est de m'y rendre vulnérable, d'être disponible, de savoir recevoir sans volonté et sans attente ce qui se présente à moi.

Il m'en aura fallu des décennies pour mettre pleinement en œuvre ce que je préconisais dans mes premiers écrits. Dans L'A*rt du temps*, déjà je comparais nos journées à une valise que nous remplissons trop d'obligations, de tâches et de désirs, tous mangeurs de temps. J'ai enfin compris qu'il me fallait cesser de prendre ce dernier pour une valise, un objet d'usage. Car c'est lui le joyau de toute existence.

Désormais, je pense ma vie comme une collection d'instants rares. Ayant renoncé aux grands projets, je peux me permettre ce que s'interdisait l'homme d'action : vivre au jour le jour, pour y trouver la saveur d'exister.

J'apprends à considérer chaque journée comme une vie, à ne plus me projeter dans le futur, à refuser toute impatience, qui ne ferait que me précipiter vers ma fin. Le moment est venu de faire passer la rationalité, la précision, les calculs au rang d'outils, mais surtout pas d'objectifs. Je manquais d'indulgence pour les insouciants, j'essaie désormais de me mettre à leur école.

Longtemps le souci du temps a pris le pas sur la qualité de mon vécu. Je suis en train d'inverser ces priorités et je trouve ça succulent.

La famille

1978
LE QUADRA

« On a souvent décrit les Servan-Schreiber comme un clan, voire une mafia. »

Quand le petit dernier s'aperçoit que sa jeunesse est en train de passer derrière lui, c'est toute la famille qui prend un coup de vieux.

Si le mot « famille » apparaît dès le premier paragraphe de ce premier chapitre, c'est que le combat victorieux contre la modestie que constitue l'écriture d'un tel livre commence généralement par un examen du milieu nourricier. Il est même recommandé d'en peindre avec minutie les mesquineries et les traumatismes qui, d'avance, feront pardonner les plus regrettables travers de l'auteur.

Au risque d'infliger au lecteur la première d'une longue série de déceptions, j'avoue que telle n'est pas exactement mon intention. S'il peut m'arriver ici de taquiner mes proches, je n'envisage pas d'en faire un portrait chargé pour plusieurs raisons : parce qu'ils n'ont jamais fait preuve à mon égard de cruauté mentale ; parce que je m'entends plutôt bien avec eux, que nous dînons ensemble une fois par semaine et que je souhaite continuer à le faire dans une bonne atmosphère ; et puisque certains confrères journalistes, à l'occasion d'étapes de la vie politique de mon frère Jean-Jacques, ont voulu décrire les Servan-Schreiber comme un clan ou une mafia, je faillirais à cette réputation si je trahissais la loi du silence. Je m'en tiendrai donc à l'essentiel, c'est-à-dire à ce qui, dans ce milieu familial, me semble avoir déteint sur moi.

Sur mes parents, je sens que je verrai plus clair dans vingt ou trente ans. Je note seulement que l'image que j'ai d'eux maintenant, comme adulte, s'est inversée par rapport à celle de mon enfance. Ils incarnaient alors les rôles les plus classiques : mon père, l'autorité et quelques principes de comportement qu'il s'efforçait de faire respecter (mais comme il avait de l'embonpoint et de mauvaises jambes, je courais dès l'âge de dix ans plus vite que lui et échappais à ses rares emportements) ; ma mère incarnait l'indulgence et la tendresse, intercédant auprès de lui pour obtenir la permission refusée ou lever telle punition. Et pourtant, ce que je crois tenir de chacun d'eux suggère des tempéraments presque inverses : de ma mère, la conviction que la volonté, l'énergie et le caractère conditionnent la sécurité et le succès ; de mon père, la tolérance, la confiance dans la vie, l'amour des chiens et le goût de l'humour. Sans oublier l'essentiel de ce qu'il m'a transmis : l'envie de devenir à mon tour journaliste.

Je vois ainsi aujourd'hui Émile, mon père (mort

en 1967, au moment où je lançais *L'Expansion*), comme un bon vivant et un esprit curieux qui avait adopté les principes que lui avaient légués ses propres parents ; mais pas au point de nous les infliger. Un respect de façade des convenances (pas de gros mots) lui suffisait. La chaleur humaine et l'optimisme n'étaient jamais loin. Denise, ma mère, était un personnage plus rare, intransigeant et inquiet. L'existence lui paraissant à tout moment lourde de menaces pour ceux qu'elle aimait, elle avait choisi de conjurer le sort en s'imposant de strictes exigences. Passant sans relâche d'une obligation à une autre et s'en créant constamment de nouvelles, elle nous signifiait, sans le dire, que la détente était un relâchement et le plaisir une faiblesse. Aussi eut-elle rarement besoin de formuler à notre égard des interdits. Son exemple suffisait. Son ravissant nez, sa prestance physique et son dévouement ont toujours impressionné ceux qui l'ont côtoyée.

Mes parents ont traversé une période historique terrifiante, pas moi : deux guerres mondiales et la Grande Crise. Dans chaque cas, ils en ont l'un et l'autre subi les effets de plein fouet, parfois au péril de leur vie et de celle de leur famille. Ils s'en sont tirés, chacun à sa manière : mon père avec un certain fatalisme, quelques moments de dépression et la foi dans sa « baraka » ; ma mère par une force d'âme constante et un souci permanent d'accomplir son devoir. Tous deux n'ont jamais manqué de courage.

Qu'y a-t-il de commun entre nous, leurs cinq enfants, qui constituerait notre seul véritable héritage ? Un besoin d'agir et, au-delà, dans une proportion variable pour chacun, de diriger. Un goût pour l'expression et la création (chacun a publié quelques livres, et nos enfants trouvent tout à fait banal que leurs oncles, tantes et parents parlent à la radio, paraissent à la télévision ou écrivent dans des journaux). Une exigence de qualité ou de performance que nous appliquons sans discriminer à nos rejetons, à nos collaborateurs et à nous-mêmes.

Pour le reste, on ne saurait être de tempéraments plus différents. Certains sont tolérants, d'autres vindicatifs. Certains apprécient les bonnes choses de la vie, d'autres y sont peu sensibles. Certains ont le sens de l'humour, d'autres y sont imperméables. Certains se montrent des éducateurs coulants, d'autres rigides. Et, comme il est naturel que ces traits de caractère se creusent avec l'âge, nos sujets de conversation communs auront tendance à se rétrécir.

Ce qui nous rapproche est moins les liens du sang que le fait d'avoir travaillé ensemble. Aux *Échos*, quand mon père les dirigeait, puis à *L'Express*, frères, gendres et belles-filles ont joué leur rôle ; pas toujours en même temps (ni toujours les mêmes gendres). Les journaux, comme des poupées russes, se créaient l'un à partir de l'autre. *Les Échos* en 1953 engendrait *L'Express*. Jean-Jacques, à vingt-neuf ans (après cinq ans comme éditorialiste de politique étrangère au *Monde*), bénéficiait d'appuis financiers, de locaux et d'abonnés qui favorisaient son essor. Quatorze ans plus tard, j'avais également vingt-neuf ans quand *L'Express* a engendré *L'Expansion* – dans des conditions comparables. Travailler en famille nous paraissait plus efficace et plus amusant. La confiance et la complicité venaient plus vite, tant que nous admettions de nous ranger derrière une seule autorité. Le père puis l'aîné étaient, dans les sociétés patriarcales, les leaders naturels. Chez nous aussi.

La volonté de nos parents de nous réunir pour un repas hebdomadaire, de nous tenir informés réciproquement de nos faits et gestes a maintenu entre nous des contacts plus étroits qu'il n'est courant. Désormais un autre tissu est en train de se former, entre nos enfants, grâce à la ferme politique unificatrice de ma mère. Les cousins aussi ont leur dîner hebdomadaire et, une douzaine à la fois, se réunissent chez elle la veille du nôtre. L'été, ils passent plusieurs semaines dans le village familial de Veulettes – en Normandie – dont mon père, puis ma mère ont tenu la mairie chacun leur tour pendant vingt ans.

Je n'ai pas eu à regretter de faire partie d'une famille nombreuse, active et compliquée. Puisqu'il faut bien, par équilibre, s'identifier à un groupe humain, je préfère cette appartenance fondée sur la réalité biologique. Enfant unique, j'aurais peut-être recherché d'autres affiliations, comme le nationalisme, la bigoterie ou l'esprit de corps. Si ma famille m'a permis d'échapper à de telles simagrées, qu'elle en soit remerciée.

Et puis, rien n'est plus instructif que l'observation prolongée, une vie durant, d'un groupe humain homogène. Nos sillages parallèles me permettent de connaître de près des joies, des drames, des situations, des tempéraments qui ne sont pas les miens, mais auxquels je ne me sens pas étranger.

Ne suffit-il pas d'un petit échantillon de l'espèce pour se faire une idée de la comédie humaine ? Une famille de taille suffisante est un précieux microcosme dont la connaissance remplace la lecture des romans et de bien des manuels de psychologie. On peut être assuré qu'il s'y passe toujours quelque chose qui étonne et qui instruit.

2018
L'OCTO

« Une famille est un pacte existentiel. On y naît, on y vit, on y meurt en compagnie d'autres avec lesquels on a un peu ou beaucoup en commun. »

En quarante ans deux générations sont montées en ligne. La simple biologie change les rôles. Beaucoup d'aînés sont morts. Avec mes frères, sœurs et cousins, nous étions onze. Ne restent que deux de mes sœurs et moi, tous trois octogénaires.

Nos enfants, nos bébés, nos gamins ont basculé dans l'âge mûr et sont devenus parents eux-mêmes. Nos filles abordent la ménopause et les cancers du sein. Certains commencent à penser à leur retraite.

Six de mes huit petits-enfants, après leurs études, sont entrés dans la vie active. Je suis attentivement les phases de leur installation dans la vie. Peu encore ont un CDI, aucun n'a d'enfant. Mais l'âge de procréer a été repoussé à la trentaine et ils n'y sont pas encore. Je ne connaîtrai donc probablement pas beaucoup de mes arrière-petits-enfants.

Dans les années 70, nous habitions tous à Paris et nous retrouvions une fois par semaine. La mondialisation ne nous a pas épargnés : trois de mes quatre enfants vivent à l'étranger et, du fait des mariages de mes filles, mes huit petits-enfants ont la double nationalité franco-américaine. Tous sont bilingues et biculturels, mais leurs propres enfants le seront-ils encore ?

Pour mes six petits-enfants élevés à New York ou Berkeley, maintenir l'usage du français ne s'est pas fait tout seul. Il a fallu que leurs mères leur parlent systématiquement en français puisqu'il était naturel que leurs pères s'adressent à eux en anglais. Chaque fois que ce fut possible ils ont fréquenté des écoles bilingues et ont même fait au moins un semestre de leurs études en France.

Une famille mondialisée doit vivre sur plusieurs fuseaux horaires, ce qui complique les moments partagés. Nous voir en direct sur nos petits écrans a un peu compensé l'éloignement. Mes deux petits-fils californiens ne viennent en France qu'une fois l'an, l'été. Sans Skype et FaceTime je ne les verrais pas grandir.

Il me plaît de penser qu'ils sont ainsi des citoyens du monde, à l'aise presque partout. Mais quand je mesure ce qu'il a fallu de ténacité de la part de leurs parents et les coûts élevés de leur formation, je ne suis pas sûr que ce lien avec la langue française sera maintenu pour leurs propres descendants.

Mais pourquoi s'en affliger ? Aucun de mes frères et sœurs n'a conservé la langue maternelle de nos grands-parents, l'allemand. Je l'ai souvent regretté, mais Josef et Clara, arrivés d'Allemagne ensemble vers la fin du XIXe siècle, un pays déjà fertile pour l'antisémitisme, voulaient que leurs enfants soient de France, le pays de la liberté. Dans leurs bagages aussi un sens de la famille, qui allait structurer la suite.

Un siècle et demi plus tard, nous, leurs descendants – environ cent cinquante personnes –, nous nous réunissons tous les cinq ans, contents de faire famille. Six générations, dont les deux premières sont parties après avoir rempli leur rôle : se reproduire, élever leurs enfants, essayer de leur laisser quelques principes et, si possible, de bons souvenirs. Mais une grande famille est faite de cercles concentriques. Nous avons des cousins en Norvège, en Hollande, que nous ne rencontrons qu'à ce rythme quinquennal. Ceux dont nous attendons des nouvelles une ou deux fois par mois ne sont guère plus d'une douzaine. Leur parler ou les voir demande du temps. J'ai constaté sans regrets qu'une grande famille rend plus difficile d'avoir beaucoup d'amis.

D'où le besoin de trouver des occasions de regroupement, vacances, mariages ou enterrements. Les plus jeunes, aidés par les tarifs low cost, n'hésitent pas à faire quelques milliers de kilomètres pour aller, le temps d'un week-end, au mariage de parents ou d'amis. Les liens d'affection garantissent aux compagnies aériennes un solide fonds de clientèle…

Sauf pour convoler, on ne choisit pas les membres de sa famille. Ils viennent au monde, prennent leur place et il faut les accepter tels qu'ils sont. Tous ne sont pas attirants ou intéressants et je ne me sens pas obligé de consacrer à chacun une attention équivalente. Les affinités mutuelles sélectionnent, au fil des années, un groupe rapproché fait de ceux que l'on a toujours plaisir à voir.

Tout déroulement des générations est banal, il est plus rare de conserver un patrimoine commun. Ce qui constitue une famille n'est pas la préservation du nom, même si de nos jours il peut se transmettre par les filles. Deux des miennes ont ajouté, pour leurs enfants, le nom de Schreiber à celui de leur mari, père de ces derniers. Elles-mêmes travaillent sous leur nom de jeune fille, le mien. Mais la majorité des descendants du couple fondateur, mes grands-parents paternels, vivent sous d'autres patronymes.

Notre ciment familial est immatériel : le désir partagé d'en faire partie. En philosophie on dirait que notre lien est intersubjectif. Aussi hétéroclites et dispersés que soient les uns et les autres, il suffit qu'ils pensent en être pour que cette famille existe et s'adapte pour durer.

Mais un clan ne dure pas six générations par miracle. Il faut souffler sur les braises. Ayant toujours considéré que cette diversité humaine constituait un patrimoine chaleureux à exploiter en commun, j'ai essayé de m'y employer.

En 1963 j'avais été consterné d'assister à une

rupture durable entre mon père et son frère Robert, suivis par leurs enfants, à propos de la dévolution de leur journal, *Les Échos*. J'avais alors écrit dans mon journal intime que « pour des affaires d'ego, on était allés jusqu'au bout de la connerie ». Aussi ai-je œuvré pour qu'après vingt ans de brouille les descendants des fondateurs se rabibochent et s'en trouvent tous très bien. Les cousins des générations suivantes ont même oublié ce qui nous avait paru sur le moment un drame. Ils se réunissent par choix, souvent et gaiement. Quand je les entends s'esclaffer ensemble je savoure l'instant.

Rétrospectivement c'est ce conflit qui m'a révélé que j'avais dû hériter, presque à mon insu, du système de valeurs de ma grand-mère Clara, qui toute sa vie déjeuna une fois par semaine avec ses trois fils (oui, sans leurs femmes, qui entre elles s'entendaient plutôt mal).

Je suis convaincu que chacun naît incomplet. Seul, je ne suis ni ne peux grand-chose. D'où ce besoin d'appartenance à un ou plusieurs groupes où se révèle une part de moi-même. Un cercle où l'on entre de naissance a plus de chances de durer et de nous apporter la convivialité dont nous avons besoin qu'un parti, une église ou un club sportif. Une famille est un pacte existentiel. On y naît, on y vit, on y meurt en compagnie d'autres avec lesquels on a une part d'histoire commune.

Je suis conscient en écrivant ces mots que je risque de passer pour un conservateur, limite traditionaliste. Oui, il y a lieu de conserver, car les grandes familles, dans nos pays où l'individualisme a libre cours, se font plus rares. En France seules 15 % d'entre elles ont plus de deux enfants. Ce qui n'est guère propice aux joyeuses tablées. Mes parents avaient engendré cinq enfants et ces derniers en ont eu chacun quatre et nombre de petits-enfants. Ce qui aura peu de chances de se reproduire dans ces proportions parmi nos descendants.

Entre-temps le benjamin que je suis est devenu un patriarche. Bien que d'autres de ma génération soient plus âgés que moi, je me suis retrouvé ainsi parce que les miens me mettent dans ce rôle. Sur plusieurs générations il ne peut plus y avoir de chef de famille ni de hiérarchie. Mais un grand aîné peut devenir une référence morale, ou un éventuel médiateur.

Cet emploi convient bien à un grand-père, qui est amené à l'exercer au-delà de ses seuls petits-enfants. Il faut de la diplomatie, de l'attention aux péripéties des uns et des autres et un parti pris de bienveillance, ce qui suppose le plus souvent de maîtriser sa propre subjectivité. En famille, trop parler nuit.

Persuadé que certains symboles influencent nos destins individuels ou collectifs, j'ai observé que notre patronyme avait sans nul doute joué ce rôle. En allemand *Schreiber* désigne celui qui écrit, le scribe, l'écrivain public. Mon père Émile, qui aimait les mots, a été saisi très tôt par la passion de relater ce qu'il vivait, ce qu'il voyait. Il s'est voulu journaliste et globe-trotter, publiant son premier ouvrage, *L'Exemple américain* il y a un siècle. Un amusant et instructif récit du voyage d'un jeune Français à la découverte du New York d'avant la première guerre mondiale.

Par mimétisme, l'exemple d'Émile s'est diffusé parmi nous, franchissant les générations. Publier nous est devenu presque banal. À ma génération, quatre sur cinq des enfants d'Émile ont aimé écrire, au total une cinquantaine d'ouvrages. Si on y ajoute les livres des cousins, des conjoints et de nos enfants, c'est plus de cent volumes que les Servan-Schreiber ont sortis en un siècle. Peu de romans, mais des essais, des récits, des ouvrages pratiques et même des livres de cuisine. Il y a des familles de cuisiniers, de musiciens, de militaires, la nôtre abonde en plumitifs.

Octo, je suis à même d'apprécier la continuité avec la famille du Quadra. Instruit par l'exemple de mes parents, j'ai compris que pour que la famille dure, il faut favoriser les contacts entre ceux d'une même génération. L'idéal est que nos enfants et petits-enfants et leurs cousins n'aient nul besoin de moi pour se réunir et faire preuve de solidarité en cas de besoin. Constatant que c'est pour la troisième génération ce qui est en train de se tisser entre eux, je souris intérieurement. Les valeurs communes ont donc bien été transmises.

LA FAMILLE

L'âge venu, passant un moment avec l'un ou l'autre d'entre eux, il m'arrive de penser au souvenir qu'ils en garderont après moi. Le sentiment que telles paroles ou telles images partagées leur appartiendront me semble être le seul héritage qui compte.

Le couple

1978
LE QUADRA

« Dès que nous cessions de communiquer, l'envie de vivre semblait nous quitter. »

À peine avais-je vingt ans que j'ai formé un couple avec Claude. Elle avait mon âge. Le centre de gravité passa alors entre elle et moi. Vivre ensemble était, dans notre vie, le plus important, le plus doux et... le plus étonnant.

Étonnant de s'être croisés adolescents, de s'être mariés, inconscients, de tenir bon malgré le temps.

Comment avons-nous fait ? Très attention. Le cadeau, ce fut la rencontre ; fort classique. À l'un des tout premiers cours dans le grand amphithéâtre de Sciences Po, je l'avais remarquée, à quatre rangs devant moi. Je ne voyais que son profil dont les traits fins et la peau mate m'empêchaient d'écouter Alfred Sauvy, un mythique professeur de l'école. Nous avions dix-huit ans et voulions tous les deux présenter l'ENA.

Mais l'intensité avec laquelle nous nous sommes immédiatement consacrés l'un à l'autre nous a tout juste permis de décrocher notre diplôme de

Sciences Po. Adieu la fonction publique ; notre ambition était de vivre ensemble.

Conformément aux modèles disponibles – par exemple paternel –, je n'envisageais de me marier qu'au-delà de trente ans, après des études qui, de nos jours, semblent s'étirer indéfiniment. Un solide début professionnel et... une vie de garçon. Ce stéréotype ne devait pas être solidement ancré ; il fut vite emporté.

Si nos enfants se trouvent à leur tour dans la même situation que nous, nous leur conseillerons de vivre ensemble avant de se marier. Mais, en 1957, il fallait des épousailles pour avoir droit à l'autonomie. Ce fut donc notre priorité avec, en conséquence, le besoin de terminer dès que possible nos études, et de prendre un métier.

Étudiants au moment de notre rencontre, nous étions d'emblée sur le même plan intellectuel. Claude avait même plutôt des meilleures notes que moi et fut la première à rapporter un salaire à la maison.

Dans l'ordre des urgences, le travail venait avant les enfants. Grâce aux premiers contraceptifs modernes (qu'il fallait, à l'époque, importer en fraude de Suisse, dans les sièges de la voiture), nous avons pu, pendant quatre ans, nous concentrer sur l'amorce de notre vie professionnelle. Nous avons voulu, quelque temps, travailler directement ensemble, ce qui posa plus d'un problème puisque l'un de nous deux (en l'occurrence moi) devenait le patron de l'autre.

Oui, nous nous sommes disputés – et même souvent – pendant les premières années. Des brouilles sans vraies raisons, qui nous laissaient muets une heure, un jour, et meurtris. Dès que nous cessions de communiquer, l'envie de vivre semblait nous quitter. Puis, à force de se mieux connaître, nous avons appris à déminer nos phrases, à désamorcer les malentendus. Nous avons su remettre à plus tard la question qui irrite, céder avant de discuter, oublier un petit grief sans même en parler. Il en faut des années pour s'aimer en adultes.

Quand le petit bois a fini sa joyeuse flambée, si les bûches ne brûlent pas, le feu est mort. Sur ce feu-là, nous avons fait attention de souffler tous les jours, de ne jamais croire que sa combustion resterait magique. Heureusement, nous n'avons jamais pris notre union pour un conte de fées, mais pour la plus belle aventure que puissent tenter deux humains compliqués. Plus jeunes, nous étions plus exigeants. Dès que nous décelions une divergence, nous voulions la réduire, tirer l'autre à soi. Or il résistait, parfois en riant, souvent en grondant.

Après avoir fait le tour des qualités et des défauts l'un de l'autre (il faut des années), nous étions devenus un couple solide. Comme personne avant ne nous avait expliqué la recette, il nous arrivait de trembler en songeant aux écueils qui auraient pu nous briser. Il n'y a pas d'unions insubmersibles. Ceux qui nous voyaient passer, poussés par la brise et baignés de soleil, ne peuvent savoir nos erreurs de cap, nos voiles déchirées, nos coups de chien. Allez donc bourlinguer vingt ans sans être secoué ! Pas plus que la mer ne pardonne au marin une écoute qui traîne ou un ballot mal amarré, la vie ne permet au couple de relâcher son attention.

Je constate, devant ce bref bilan, que nous n'étions pas un couple « moderne ». Nous ne croyions pas que l'on puisse être tout à la fois unis et libres, ni que l'on doive tout se dire sans le moindre détour. Il n'y a pas de course d'endurance plus ambitieuse que la traversée de la vie avec un seul équipier. Parmi ceux qui ont pris le départ avec nous – et même après nous – une majorité avait déjà « cassé », et cela nous impressionne. Si nous voulons continuer le parcours ensemble, ce n'est pas par souci de la performance, mais pour ne pas perdre ce qui nous est devenu le plus précieux.

2018
L'OCTO

« Un mois après notre rencontre Perla a déposé ses valises chez moi (où nous sommes encore). »

La deuxième mi-temps n'a pas fait de moi un célibataire, car je suis un homme de couple. Si bien que j'en ai vécu deux, au long cours, avec Claude, vingt-quatre ans, puis avec Perla, depuis plus de trente ans. Deux femmes exceptionnelles (ne serait-ce que pour m'avoir supporté) grâce auxquelles j'ai le plus souvent préféré penser en « nous » qu'en « je ».

Et je crois savoir pourquoi : mes parents étaient heureux en couple et ont fait face ensemble aux événements tragiques du siècle dernier, tout en élevant une famille unie. À leur exemple, le couple était donc pour moi possible et naturel. Encore fallait-il avoir la chance de trouver celle qui me complète. Cette chance, je l'ai connue deux fois.

Mais si mon premier couple était réussi, pourquoi changer ? Justement parce qu'on change soi-même. Claude et moi nous étions lancés dans cette belle aventure en novices. Il nous manquait l'expérience, nous avions encore à découvrir des aspects de l'existence qui ne passaient pas forcément l'un par l'autre. Est venu un moment où nous avons dû en tirer nos conclusions, sans fâcheries blessantes.

Il est banal de dire que les secondes unions peuvent être plus solides que les premières. Ce n'est pas moi qui dirai le contraire, mais dans ces domaines intimement personnels je me garderai bien de donner des conseils, seulement quelques observations.

Avec Claude nos compatibilités étaient impeccables : même formation, mêmes internationalisme et bilinguisme, mêmes goûts sportifs et, surtout, une vraie famille de quatre enfants. Avec Perla nous semblions être moins dans le même que dans la différence. Elle avait vécu jusqu'à vingt-deux ans au Maroc, dans sa famille juive observante. Elle parlait à peine l'anglais, mais bien l'arabe. Elle ne pratiquait que la natation, moi qui suis plutôt terre ou neige. Elle avait vécu en couple, mais sans cohabitation, et, à quarante-deux ans, n'était pas sûre d'avoir un jour envie de convoler. L'élan qui nous a poussés l'un vers l'autre a fait passer tous ces éléments formels au second plan. Un mois après notre rencontre elle a apporté ses valises chez moi (où nous sommes encore). Six mois plus tard, jour pour jour, nous nous sommes mariés.

Depuis j'ai eu maintes occasions de réaliser que mes deux épouses avaient en commun ce qui compte vraiment : l'intelligence, le respect de l'autre, des valeurs humanistes. Ajoutez un peu de potion magique nommée l'amour et ça emporte tout. Sans oublier la botte secrète de Perla, virtuose inspirée de la cuisine qui, comme le chantait Gréco, « retient les petits maris qui se débinent ». Non seulement avec elle je n'ai jamais eu la moindre tentation de me débiner, mais j'ai découvert que la cuisine, comme grand art, créait autour d'elle un culte familial et amical. Elle a su faire de mes enfants et petits-enfants des épicuriens, juste au moment où la cuisine devenait un puissant phénomène culturel international.

Au long d'une vie de mâle hétérosexuel stimulé par ses hormones, le rapport aux femmes est central. Mais compliqué puisqu'il se déroule désormais entre des individus autonomes et libres à tout moment de rester ou partir. Luc Ferry nous affirme que le mariage d'amour est une révolution récente, puisque avant le romantisme du XIXe siècle l'affaire se décidait entre parents, dans une perspective patrimoniale. Le mariage d'amour c'est le bonheur libéré, aussi fragile qu'il est attirant, car il ne repose que sur la volonté de deux êtres. Ne suffit-il pas que l'un d'eux change d'avis pour que l'édifice s'effondre ?

Ma vie d'homme a été embellie par les femmes ; dans le couple, la famille et le sexe. Il est devenu plus rare, au fil de nos nouvelles longévités, que les trois soient à tout moment réunis. Chacun de nous vit à cet égard des parcours compliqués, où se tressent jouissances et souffrances, exaltations et doutes. Quand on interroge les jeunes adultes, l'idéal n'a guère changé : pour plus de 80 % d'entre eux, c'est un amour durable qui reste un produit de première nécessité en forte demande. Le numérique et le data ont su faire du marché de l'accouplement une industrie florissante.

Les millennials (dix-huit à trente-cinq ans) ont leur propre recette : *Fast sex, slow love*. Bien que moi-même du XXe siècle, je m'y reconnais. J'ai connu des femmes attirantes et de qualité, mais je n'ai vraiment vécu en amour qu'avec les deux que j'ai épousées. À part pour elles et Danièle, une femme élégante et généreuse qui fut, entre Claude et Perla, ma compagne pendant cinq ans, j'ai été avare de mes « Je t'aime ».

Par réalisme informé, je n'oublie pas que l'intensité des sentiments est corrélée avec notre dosage de testostérone. Je n'en ai pas manqué, mais pas au point d'en être esclave. Autant l'amour a été pour moi primordial, autant je me suis tenu à l'écart de la passion, qui offre des fulgurances sensuelles, inspire une littérature intense, mais fait faire pas mal de bêtises douloureuses.

Le temps passant, la chimie intérieure se modifie. Mais je ne suis pas d'accord avec Léo Ferré qui chantait qu'« avec le temps on n'aime plus ». Le désir de l'autre peut durer et l'intimité des corps persister, allegro moderato.

L'envie de garder son couple le plus vivant possible est la meilleure des motivations pour rester désirable. L'entretien physique, les ressources de la cosmétique, de la pharmacopée et, s'il le faut, de la chirurgie plastique sont les amis de l'amour en couple. Et le soir, quand on pose ses lunettes sur la table de nuit, les rides de l'autre ne s'estompent-elles pas un peu ?

Puisque l'amour fait cascader les couples, les configurations familiales qui en résultent varient à l'infini. La mienne a résulté d'une résolution simple : je n'ai voulu faire d'enfants qu'avec une seule femme, Claude. Nous en avons eu quatre et, quand j'ai rencontré Perla, une de ses toutes premières déclarations fut : « J'ai choisi de ne pas avoir moi-même d'enfant, mais serais heureuse de choyer les tiens et les petits-enfants à venir. » Soulagement de ma part et excellente feuille de route.

Ainsi ai-je découvert que deux couples successifs pouvaient contribuer à bâtir une seule famille. La noblesse de vue de mes deux épouses nous a évité jalousies, mesquineries et pathos. Quant à mes petits-enfants, ils ont toujours connu Perla, Claude et son épouse Françoise. Trois grands-mères aimantes, quel capital affectif de départ !

Et puis, chemin faisant, le vieux couple est voué à devenir un couple de vieux. Sur ce chapitre qui s'ouvre pour nous, ni les témoignages ni les observations ne sont nombreux, car auparavant on mourait trop jeune pour vivre de longues épousailles. Au point que vieillir ensemble passe encore pour un projet imprévu et risqué.

La fin de vie est rarement glamour ; aussi longtemps que l'on reste tous les deux en vie, l'amour y trouve son ultime épreuve. Les corps se dégradent, les forces pour aider l'autre viennent à manquer, les maladies du vieil âge nous guettent. Je le sais, nous le savons, nous en parlons à l'occasion, espérant que, le moment venu, nous ferons de notre mieux pour ne pas trop peser sur l'autre, pour ne pas trop lui manquer. Ce sera le rendez-vous avec notre destinée.

Vieillir ensemble c'est affronter en commun une série de moins : moins de vigueur, moins de beauté, moins d'envies, il est vrai aussi moins de charge mentale, mais souvent moins de présence autour de soi. Les enfants sont sur leurs orbites, les amis se font plus rares. L'essentiel du temps qui reste va se passer en tête à tête.

C'est déjà une belle chance d'être encore là l'un pour l'autre, mais il faut aussi savoir demeurer intéressant et tonique. J'ai toujours été convaincu que dans le couple l'art de la conversation est aussi important et plus durable que le *Kama Soutra*. Attention donc à ne pas se confiner à la banalité des commentaires sur la famille proche ou sur les informations du vingt heures. Rester curieux du monde pour en faire profiter l'autre et ne pas hésiter à se raconter ou se remémorer des moments forts du passé – de ce dernier nous sommes plus riches que d'un avenir –, revisiter ensemble en mots ce qui a rempli notre vie, en bon ou en dommage, nous rend encore un peu plus complices. N'aime-t-on pas aussi relire un livre ou revoir un film qui nous ont plu ?

On se surprend à dire gentiment des choses comme « J'espère partir le premier. – Mais alors qui sera là pour à la fin me tenir la main ? » On parle de la future sépulture, notre couche pour l'éternité. Certains couples, pour des raisons familiales ou religieuses, préfèrent faire tombe à part. Discussions surréelles, puisque la mort nous privera de toute conscience. Mais évoquer l'idée même que nos noms soient gravés sur une même pierre distille dans nos cœurs une amoureuse nostalgie anticipée.

Reste la preuve d'amour ultime : le choix de partir ensemble. Quel vieux couple n'y a pas pensé, au moins une fois ? N'avons-nous pas, du temps de notre jeunesse, vibré en écoutant Piaf chanter « Les amants d'un jour » ? N'avons-nous pas été touchés de la fin choisie de Stefan Zweig et sa femme ? Ne peut-on pas à tout âge finir comme Roméo et Juliette ? Le tragique et le romantisme vont bien ensemble.

Impossible de faire là-dessus de prévisions, puisque la mort sépare si souvent les amoureux contre leur gré. Nous verrons bien le moment venu et d'ici là je fais confiance à la providence – en toute laïcité.

Je me souviens d'un échange avec un rimpoché (officiant) bouddhiste, tenu au célibat : « Ce n'est pas trop dur de passer sa vie seul ? – J'ai bien réfléchi avant de le décider ; j'ai craint que réussir un couple soit trop difficile. » Il est vrai que l'amour à deux semble un point aveugle du bouddhisme, qui considère que toute relation exclusive est porteuse de souffrances. Cet homme vénérable était un réaliste. Oui, durer en couple est exigeant et échoue souvent, mais, de mon point de vue, quand ça marche, tant que ça marche, il n'y a pas mieux.

Les enfants

1978
LE QUADRA

« C'est probablement pour nous faire faire la folie de les mettre au monde, que les petits enfants ont les yeux si brillants et des rires ensoleillés. »

Moi, père de quatre enfants ! J'en suis encore baba. Certes ils me plaisent, leur seule vue me réjouit. Mais je n'ai pas encore tout à fait compris comment nous en sommes arrivés là. Aucune conviction nataliste ou religieuse ne nous y incitait. Nous avions même la chance d'être pratiquement la première génération à disposer, dès le début de notre union, d'une contraception efficace et peu contraignante.

Qui semblait mieux préparé que nous pour envisager la question – centrale – de la procréation en pleine lucidité ? De fait, chaque fois, nous avons eu l'impression de choisir. Mariés à vingt ans, sans salaires, il était urgent d'attendre. Aussi notre aînée, Pascaline, n'est-elle née qu'après quatre ans. La deuxième, Florence, deux ans plus tard. Tout cela, bien classique. Pour les jeunes couples désormais, l'idée de famille nombreuse évoque surtout les contraintes, les fatigues et les fins de mois plus difficiles.

Mais en devenant moins jeunes, vers trente-trois ans, nous nous sommes surpris à penser : « Pourquoi pas un troisième (et bien entendu dernier) ? » Ce fut un garçon, nommé Bruno. Né trop tôt, il n'a vécu que quatre jours. Nous nous sommes serrés très fort l'un l'autre et plus tard, après une méditation sereine, nous avons décidé de faire bénéficier un autre petit, moins bien loti à la naissance, des chances qu'aurait eues Bruno. Le hasard nous a finalement amenés à Tahiti le 1er janvier 1973, dans la cabane de contreplaqué d'une nourrice de l'assistance sociale où nous attendait un bébé abandonné à la naissance. Il n'avait pas l'air norvégien, notre Tahitien, mais nous l'avons appelé Éric. Il aura été, de nos quatre enfants, le plus consciemment voulu. Un an plus tard naissait Camille, notre vraie petite dernière.

De prime abord, tout cela peut paraître construit. Deux fois deux enfants à dix ans de distance, c'est même un échelonnement harmonieux qui nous permet, autour de la quarantaine, de profiter simultanément de la découverte douce-amère de nos adolescentes et de l'exubérance joyeuse des tout-petits. Mais, même comblé par ces bonheurs, je ne peux m'empêcher de penser que, dans le monde actuel, engendrer ne paraît pas raisonnable. Cette contradiction vécue m'impose une conclusion simple : ce n'est pas, en nous, la partie réfléchie et responsable qui décide de procréer, mais l'animal, dont l'instinct est de perpétuer la vie.

Pour nos deux premières filles, nous ne nous étions guère préoccupés de nos responsabilités. Du moment que nous avions une chambre pour les loger et que les examens prénuptiaux n'avaient pas révélé d'incompatibilités, faire des enfants paraissait évident. Jeune, on ne pense pas au long terme ou au devenir de la planète. C'est peut-être grâce à cette disposition à l'inconscience que l'humanité continue de se reproduire.

Mais dix ans plus tard, pour les deux derniers, nous nous sommes posé les questions de fond : au nom de quoi avions-nous le droit de précipiter dans la vie des êtres voués à une mort certaine, et peut-être prématurée ? Et s'ils survivaient, serait-ce dans un monde habitable ? Était-ce parce que, entrés dans la trentaine, nous prenions nous-mêmes une vue différente des risques de l'existence ? Ou bien parce que, au début des années 70, l'avenir du monde se posait déjà en termes de surpopulation, d'épuisement des ressources et de prolifération atomique ? C'est peut-être aussi parce que, n'ayant plus vingt ans, nous étions devenus plus sensibles aux menaces globales. La moindre prudence eût recommandé l'abstention.

Mais l'animal devait se montrer plus fort. C'est probablement pour nous faire faire la folie de les mettre au monde que les petits enfants ont les yeux si brillants et la peau si tendre. Leurs rires ensoleillés nous rappellent aussi que si nous existons, c'est parce que nos ancêtres ont continué à enfanter aux pires moments des invasions barbares, de la peste noire, des guerres de religion, de la Terreur, de l'abjecte misère ouvrière du XIXe et des hécatombes du XXe – période où je suis né. Élever quatre enfants malgré tout ce que nous croyons deviner de l'avenir de l'humanité, c'est nous soumettre modestement à l'instinct vital de l'espèce.

Les voici donc tous les quatre autour de nous, comme sur les photos que, quelquefois, nous envoyons à Noël à nos amis. Ils portent notre nom, ce sont nos enfants, mais ils ne nous appartiennent pas. Pour le moment, des hôtes de passage, délicieux ou insupportables ; plus tard, avec un peu de chance, de vrais amis.

Il m'a toujours paru pathologique d'éprouver un sentiment de propriété à l'égard d'autres êtres humains, seraient-ils issus de vos propres gènes. Ce bébé si dépendant qui s'accroche à mon doigt, qui hurle si je m'éloigne, je l'imagine déjà quand, pour la première fois, il refusera de partir en vacances avec nous. Comment réagirons-nous ce jour-là ? Serons-nous choqués de cet apparent manque de reconnaissance pour toutes les années où nous n'avons cessé de lui donner ? Lucides en pensant qu'il aborde les années pendant lesquelles il devra, pour établir son autonomie, se différencier le plus possible de nous ? Le seul choix qui nous restera, devant cette crise, sera de décider si elle se déroulera avec notre complicité ou bien contre notre gré.

C'est pour cela, bébé, que dès aujourd'hui je sais

bien que je n'ai aucun droit sur toi. Mais puisque j'ai assumé l'étrange responsabilité de te donner la vie, j'ai une liste inépuisable de devoirs. Que me donneras-tu en échange ? Ce que tu voudras. Mais j'aimerais bien, par exemple, que spontanément, de temps en temps, tu mettes ta main dans la mienne ou que tu aies envie de venir sur mes genoux.

Plus tard, quand je serai vieux pour de vrai, j'aurai un peu besoin de toi. Car on sort de la vie comme on y entre, entouré de sa seule famille, si l'on a la chance d'en avoir une. Dans trente ou quarante ans, tu accompliras des choses passionnantes et tu n'auras guère de temps pour me rendre visite. J'espère, égoïstement, que ta brillante carrière ne fera pas de toi un consul à Tokyo ou un directeur d'usine à Sao Paulo, parce qu'alors nous ne nous verrions plus.

Même si tu as pour moi toute l'affection possible, je sais bien que ce ne sera pas tellement gai de me rendre visite. Car j'aurai du mal à m'intéresser vraiment à ce que tu fais, et tendance à te raconter un peu les mêmes choses. Mais tu viendras peut-être quand même, ne serait-ce que parce que nous t'aurons inculqué de bons principes.

Au fait, quels principes ? Nous nous le demandons presque tous les jours. Être parents dans le dernier quart du XXe siècle, en pleine civilisation avancée, c'est bizarrement une aventure en terrain vierge. Combien de fois, après avoir choisi une attitude, n'avons-nous pas lu dans le mois suivant un article voulant prouver qu'elle était absurde et néfaste ? Beaucoup de parents se réfugient dans la passivité et donc la permissivité : « Surtout ne pas le contrarier ! »

S'il nous faut sans cesse réinventer, c'est aussi que tant de repères se sont effondrés, non seulement d'une génération à l'autre, mais sous nos propres yeux. La contraception rend ainsi possible une vie sexuelle des adolescents, alors que la nôtre demeurait empoisonnée d'interdits. De même, la prise de conscience de Mai 68 a légué, même aux petits, une remise en cause permanente de la légitimité de l'autorité. Voilà les parents privés du « C'est comme cela, tu dois m'obéir », qui leur évitait tout effort d'explication.

Si tout va bien, peut-être un jour nos enfants nous verront-ils comme aujourd'hui je vois mes propres parents, maintenant que le temps a effacé jusqu'au souvenir des inévitables conflits et des petites déceptions. Je crois qu'ils ont su, pour l'essentiel, me montrer qu'ils m'aimaient et qu'ils avaient confiance en moi. Et je comprends mieux, avec les années, quel cadeau ils m'ont fait là.

2018
L'OCTO

« Aucun des miens n'est drogué, gravement malade, en dépression chronique, incapable de trouver un emploi, en prison, ni fâché avec moi. »

Mes enfants sont en train de vieillir sous mes yeux. C'est sans précédent. Du temps où l'on vivait moins de cinquante ans (il n'y a guère plus d'un siècle) on avait juste le temps de marier ses rejetons et de voir naître ses petits-enfants, avant de céder la place. Mon père est mort quand j'avais trente ans, ma mère avant que j'atteigne la cinquantaine. Désormais il est bien possible que je fête les soixante ans de mes deux aînées.

Ça change tout. Le Quadra était préoccupé de ses responsabilités de parent à l'égard de jeunes êtres qui dépendaient de lui. Octo, je vis depuis des décennies une relation entre adultes avec mes enfants, qui ne relèvent plus de moi, mais dont les gènes sont en partie les miens.

Mon cas n'est pas singulier. J'ai des amies de soixante-dix ans qui doivent se partager entre leurs parents de quatre-vingt-quinze ans et leurs petits-enfants qui démarrent leur vie active. Un tel écartement des générations, inimaginable pour nos parents, ne durera toutefois pas. L'âge du premier enfant, en Europe, est passé à trente ans. Il n'y aura bientôt plus de grands-mères de quarante ans.

En matière de rapports parents-enfants, chaque cas est singulier. Parmi les poncifs, celui des vieux parents retraités dans leur petite maison, qui attendent que leurs enfants leur fassent l'aumône d'une visite. Je viens plutôt de vivre avec mes filles des décennies où nous menions chacun nos vies actives et cherchions ensemble à prévoir et organiser les moments que nous pourrions passer ensemble. Lorsque nous nous voyons, chacun a bien des choses à raconter à l'autre, qui ne se limitent pas à donner des nouvelles de la famille et raconter ses petites misères de santé. Nos modes de vie et nos principes se sont beaucoup rapprochés.

Une nouvelle forme de relation entre adultes autonomes est en train de s'inventer. Ce qu'elle a de commun avec une simple amitié est le plaisir de se voir, de se parler, de s'entraider. S'agissant de mes enfants s'y ajoutent une forme de priorité absolue sur l'usage de mon temps et une écoute, une disponibilité que l'on n'accorde qu'à la chair de sa chair et à ses amours. À la différence de mes amis, mes enfants je les connais depuis leur premier jour, notre histoire commune est forte et ineffaçable.

Il se trouve aussi que mes relations avec mes trois filles sont une source de joie stable dans mon existence. Mais je pense à des amis que le destin a privés d'une telle chance. Je me souviens que, dans mon enfance, mes parents nous passaient quelquefois les films de quand nous étions petits. Mon père, épris de progrès, avait tenu, dans les années 30, à se procurer les premières caméras huit, puis seize millimètres, pour filmer les siens. Devant ces images lointaines, ma mère murmurait : « Merci, mon Dieu, ils sont tous encore vivants. » Je me suis fait au long des années des réflexions du même ordre : aucun des miens n'est drogué, gravement malade, en dépression chronique, incapable de trouver un emploi, en prison, ni fâché avec moi. Toutes situations que j'ai pu observer dans mon entourage. Plus la famille est large, avec enfants et petits-enfants, plus les sources de plaisirs partagés peuvent s'accroître. Mais tout autant la vulnérabilité aux drames de la vie. Pour le moment, *so far, so good*, même si je sais que ça peut changer à tout moment, puisqu'il s'agit d'êtres vivants, donc vulnérables aux coups du sort.

Quadra, mes enfants étaient déjà nés. Octo, huit petits-enfants s'y sont ajoutés, une naturelle et joyeuse nouveauté. La littérature est intarissable sur l'art d'être grand-père et pas seulement selon Victor Hugo. Les poncifs en la matière ne sont pas tous faux. À leurs grands-parents, les petits-enfants offrent une bouffée de jeunesse, avec ses bonheurs et ses soucis, mais sans les responsabilités directes. Là aussi la longévité a changé la donne. Leurs parents – nos enfants – voient spontanément les grands-parents comme de parfaits baby-sitters, pour les soirées et une bonne partie des vacances. Mais à soixante, voire soixante-dix ans, ces derniers peuvent encore exercer leur métier et manquer de disponibilité. Pour ma part, j'avoue me sentir plus à l'aise avec mes petits-enfants lorsqu'ils abordent leurs études secondaires. Ils deviennent plus autonomes vis-à-vis de leurs parents et leurs intérêts s'élargissent avec leurs connaissances.

Avant qu'ils aient quinze ans, le grand-père peut encore leur apporter des informations sur l'existence. Après, pour leurs parents comme pour moi, ils entrent dans le tunnel chaotique de l'adolescence, advienne que pourra. Mais j'ai constaté que ça commençait à s'arranger après le bac et surtout quand ils entrent dans la vie active. Premiers CDD, premiers logements personnels, au sixième sans ascenseur, premières tentatives de couples, quelquefois avec des conjoints étranges. Du point de vue des grands-parents s'entend, qui les voient, entre inquiétude et attendrissement, se cogner sur leurs premiers obstacles.

Les incompréhensions et les frictions se produisent alors plutôt entre ces jeunes adultes et leurs parents, nous laissant le rôle confortable d'oreilles attentives et de médiateurs souriants. L'amour sans les responsabilités, un cliché enviable et accessible, à condition que l'on se garde de vouloir les convaincre que notre vision du monde devrait leur convenir. Si ça doit se produire, ce sera beaucoup plus tard. Par exemple quand... ils auront notre âge.

Par rapport à ma génération, mes petits-enfants, natifs du numérique, ont beaucoup à m'apprendre. Ne serait-ce que pour m'aider à faire les installations ou mises à jour qui nous sont inlassablement proposées. On se retrouve vite dans un rapport assez équilibré : ils m'aident à avancer dans le monde de demain, pendant que, de mon côté, j'essaie de leur raconter le monde d'où je viens. C'est impeccable sur le papier, mais ça ne marche pas toujours. Sauf pour les rares passionnés d'histoire, je distingue souvent dans leurs yeux un peu de flou lorsque j'essaie de les intéresser à la vie d'avant. Hormis sur un point, qu'ils doivent avoir en commun avec leurs camarades : le passé de leur propre famille.

Intéressante transformation par rapport aux générations du « Familles, je vous hais ! » lancé comme un javelot par Gide, dont aucun de mes jeunes ne doit connaître le nom. Hommage soit rendu à cet égard à Mai 68, qui a mis à mal toutes les formes d'autorité, y compris familiale. On se plaint quelquefois depuis cinquante ans de ne plus pouvoir disposer en éducation du « Fais-le parce que c'est comme ça ! ». Dès quatre ans ils commencent à interroger, contester, nous retourner nos arguments.

Il reste que j'ai engendré des enfants, qui en ont engendré à leur tour. J'ai contribué à la continuité de cette chaîne dont la connaissance de mon passé familial (qui ne va guère plus loin que mes grands-parents) m'a fait comprendre très tôt que je n'étais qu'un maillon. Par choix ou circonstance, j'aurais pu l'interrompre. Au moment où sont nés mes petits, je n'avais pas pleinement conscience de cette transmission, entre animalité et métaphysique. Les choses se sont faites à l'instinct, parce que c'est ainsi que se perpétuent les espèces vivantes et en particulier celle des humains.

C'est maintenant, en fin de parcours, qu'en me retournant je distingue que je n'ai fait que m'inscrire dans notre destin collectif. Sur un plan purement rationnel, ça peut paraître bizarre de vouloir se reproduire. On sent que dans ce domaine le mimétisme joue un rôle plus puissant que le raisonnement. Lequel en revanche est premier dans la décision inverse, très compréhensible, de ne pas vouloir d'enfants. J'ai souvent pensé qu'il valait mieux faire ses enfants lorsqu'on est encore jeune et donc encore un peu inconscient. C'est pourquoi, maintenant qu'on attend la trentaine pour procréer, la baisse de la fécondité semble inexorable et pas seulement pour des raisons hormonales.

En tant que père, puis grand-père, j'aurai fait naître mes descendants avec une autre femme que celle avec laquelle j'ai déjà passé la plus grande part de ma vie et avec qui je souhaite continuer à vieillir. C'était prendre un risque sur l'entente durable de ce groupe humain singulier. L'intelligence de cœur de chacun des protagonistes a réussi chez nous un joyeux prodige : une famille recomposée de gens qui s'aiment. Formulé ainsi, ça fait roman-photo, mais n'est-ce pas rassurant qu'occasionnellement la vie ressemble à un gentil roman ?

Les autres

1978
LE QUADRA

« Chaque année passée depuis ma jeunesse m'a mieux fait admettre que je vous ressemble et que vous m'êtes nécessaires. »

Au collège, les bons pères et Jean-Jacques Rousseau avaient essayé de me convaincre que l'homme était naturellement bon. Mais d'autres me révélaient que pendant qu'on m'enseignait la lecture, une des nombreuses guerres de ce siècle avait fait cinquante millions de morts. Adulte, j'ai appris que chaque nation mettait un point d'honneur à dépenser cinq fois plus pour perfectionner son armement que pour aider les affamés du tiers monde.

Je ne me suis pas toujours soucié des autres. Comme tous les enfants et les adolescents, j'étais d'abord trop occupé à me construire un corps, puis une identité pour me soucier de leur existence. Je les classais surtout en fonction de mes objectifs : obstacles ou instruments. J'ai été exigeant, indifférent, blessant quand je me faisais encore les dents sur ceux qui m'aidaient et ceux qui m'aimaient. Il fallait bien qu'à mon tour je me fraie une place sur le banc. Je croyais qu'on ne pouvait le faire qu'à coups de coude et de pied.

D'ailleurs, dans quelques années, je les oublierai à nouveau. À la fin, c'est comme au début, on se ramasse sur soi, trop absorbé par ses petites misères pour se gaspiller en s'intéressant à autrui. Quand je me serai mis à l'écoute de mes jointures et qu'il me faudra protéger la fragilité de mon organisme, on trouvera que je ne m'intéresse plus aux autres. C'est que, lorsqu'on prépare une épreuve difficile, on se concentre, on devient rogue, on s'enferme. Quand vous me verrez ainsi, vous comprendrez que j'approche de mon examen final.

Mais maintenant, il est midi et vous ne m'êtes pas indifférents. Le trop-plein de vitalité de la jeunesse porte à croire que l'on est un individu très spécial et qui n'a besoin de personne. Mais chaque année passée depuis m'a mieux fait admettre que je vous ressemble et que vous m'êtes nécessaires.

Je ne parviens à me comprendre moi-même qu'en vous observant dans les mêmes situations, en vous écoutant vous raconter. Et là, je suis gâté, car vous êtes intarissables. Quand je veux vous faire plaisir pour pas cher, je vous pose quelques questions sur votre vie et votre métier, et c'est parti pour des heures ! Vous n'aurez pas perdu votre soirée et je ne vous aurai pas laissé un mauvais souvenir.

Permettez-moi toutefois un soupçon de reproche : rares sont ceux d'entre vous qui renvoient l'ascenseur, qui font à leur tour ne serait-ce que semblant de vouloir en savoir plus sur leur voisin. Vous êtes si captivés par vos propres péripéties qu'il faut se quitter avant que la courtoisie vous ait fait prononcer un strict minimum de « Et vous ? ». J'ai tellement pris l'habitude d'interroger à sens unique que je suis stupéfait, presque ému quand je tombe sur un interlocuteur qui manifeste quelques velléités d'en savoir plus sur moi.

Et puis, vous m'êtes indispensables pour agir, pour construire quoi que ce soit. Seul, je peux avoir des idées et les exprimer, mais dès qu'il s'agit de les réaliser, il faut se mettre à plusieurs. Pas pour les artistes ? C'est vrai. Avec un crayon, un pinceau ou un burin, ils accomplissent leur vie. Mais, n'ayant pas ces talents, je suis intégré au cycle production-consommation. Il ne peut rien se passer si je reste dans mon coin.

Chacun comprend l'amour à sa manière. Pour moi, c'est savoir se mettre à la place de l'autre. Ce n'est pas seulement penser : « Comme il est gentil, comme elle est jolie », mais : « Est-ce qu'il est content ? Est-ce qu'elle a un problème ? »

L'amour des autres pourrait peut-être régner dans une société où chacun serait pleinement rassuré sur lui-même (ce doit être la définition freudienne du paradis). Mais d'ici là, le minimum indispensable n'est-il pas le respect de l'existence des autres et de leurs droits, bref, la simple (et magnifique) tolérance ?

La tolérance n'est pas l'amour universel, mais elle m'a au moins fait changer d'a-priori à l'égard des autres. Au lieu de rechercher leurs torts ou leurs défauts, j'essaie d'abord de les comprendre ou de les excuser. Si, ensuite, la lucidité m'oblige quelquefois à reconnaître que je me trouve devant un imbécile ou un salaud, plutôt que de le persécuter, je passe mon chemin.

Au niveau du comportement, la manifestation quotidienne de la tolérance devrait être la courtoisie. J'aime bien le parfum démodé de ce mot. N'est-il pas dommage qu'il soit entré en désuétude au moment où il devenait un produit de première nécessité ?

La courtoisie n'est peut-être rien de plus qu'un peu d'huile dans les contacts entre individus. C'est un bonjour sonore quand on traverse un bureau ; un remerciement aux vendeuses du magasin ; un petit mot vite griffonné à une relation qui connaît la joie ou la peine ; une façon de demander des nouvelles sans avoir l'air de s'en foutre. Rien de grandiose, ni de difficile. Mais la preuve même de sa rareté est que l'on remarque ceux qui la pratiquent.

J'imagine à cela trois raisons. D'abord la tension des nerfs due à la multiplication des tâches dans un horaire inextensible. Nous éliminons, à notre propre insu, tout ce qui paraît marginal – comme la courtoisie. Ensuite, la valorisation – désormais culturelle – de l'efficace et du fonctionnel. Il est de bon ton d'aller droit au but, d'éliminer les ronds de jambe, de s'épargner les fioritures – comme la courtoisie. Enfin, surtout chez les plus jeunes, le rejet d'un système de valeurs largement périmé a frappé de ridicule ce qui relevait des « convenances » ou de la trop fameuse « bonne éducation » – comme la courtoisie.

Mais tous les partis pris de suavité ne peuvent rien contre le fait qu'il faut quelquefois juger autrui et prendre des décisions qui affectent sa vie. Dans l'idéal, le respect de la personne et des droits de l'autre devrait nous amener à n'interférer en rien avec son existence ; à ne lui causer aucun souci, ni aucune gêne ; à lui laisser toutes ses chances. Sauf que, mis à part les moines mendiants (un métier qui s'étiole), bien peu d'entre nous peuvent se permettre ce luxe.

Toute activité conduit à juger bonne ou mauvaise la performance d'un autre, et à trancher en conséquence (ne serait-ce qu'en changeant de boucher). Le moindre poste responsable dans une organisation oblige à sélectionner des candidats, à changer d'affectation les individus, ou à les licencier. Tous choix qui ont des répercussions profondes sur la vie de ceux qu'ils affectent. Force est toutefois de reconnaître que ces choix ne peuvent jamais être faits en complète connaissance de cause. Ces jours-là, aucune courtoisie au monde n'empêchera celui que vous avez condamné de vous en vouloir, ni vous-même d'avoir mauvaise conscience.

On peut s'y refuser. Mais alors, il faut ou bien

accepter d'occuper le plus bas échelon de la pyramide du travail, celle où l'on n'est jamais juge et toujours jugé ; ou bien bénéficier d'un de ces rares talents qui vous permettent, acteurs, écrivains ou peintres, de n'employer personne. Encore ces derniers poussent-ils rarement leurs convictions jusqu'à se refuser les services d'une cuisinière. Karl Marx lui-même n'en avait-il pas une ?

2018
L'OCTO

« Rares sont les liens indéfectibles. On peut partager le même lit des années, puis ne plus se voir, même sans fâcheries. »

Vu d'aujourd'hui, le rapport aux autres du Quadra me paraît un peu simple : les autres existent, il en a besoin et il s'interroge sur la juste attitude pour optimiser ses relations. Bref, il y a lui et les autres. Désormais, pour moi, c'est moins tranché, plus complexe. J'ai appris que c'est dans ma relation aux autres que j'existe le plus complètement. Parce qu'elle me définit, me précise. Qui est sûr d'exister, au-delà de ses sens, si ce n'est en relation, en connexion avec ce qui n'est pas soi ? Le besoin de l'autre est l'expression permanente de mon incomplétude.

Je dois tout aux autres. Parce que tout ce que je sais, tout ce qui m'aide à vivre me vient d'eux. Seul, je ne pourrais pas me nourrir, me loger, me déplacer, m'instruire, me soigner, me divertir, ni surtout éviter l'isolement. Ceux du passé ont construit ce pays où je me sens à l'aise. Ils m'ont légué des pensées, des traditions, des principes, des inventions d'où j'ai tiré mes propres valeurs et principes qui sont donc plus des legs que mes créations. Biologiquement je suis né des autres, intellectuellement tout m'est venu et continue à me venir d'autres. Il en est de même pour ce qui nourrit mon affectivité. En attendant que tout s'évanouisse à jamais en une seconde, je ne peux que persévérer dans mon être avec l'aide des autres. Vivre grâce à tout ce qui me vient d'eux me remet à ma juste place : celle d'une infime partie d'un ensemble infiniment complexe, l'humanité.

Au-delà de ces évidences, les autres sont pour moi des sources d'émotions, de stimulations, de désirs parfois, bref, de vie. Parce qu'ils sont mes semblables, ils me complètent ; parce qu'ils sont différents, ils m'enrichissent.

Donc l'autre m'intrigue et m'importe. Il m'est par nature inconnaissable, mais les bribes que nous échangeons nourrissent mon goût de la vie. En même temps, tout autre me permet de mieux me définir ; par effet miroir, par contraste, par comparaison, voire par antagonisme. Le désir de l'autre comporte l'espoir d'aménager ma solitude et même, par instants, de l'oublier.

Mais l'autre ne m'offre pas seulement sa compagnie, je suis partiellement fait de lui comme il est fait de moi. De bien des manières. D'abord génétique, puisque je suis un cocktail des gènes de ma chaîne familiale biologique. N'est-il pas toujours troublant de retrouver en soi, en aspect ou comportement, des traits que l'on pouvait constater chez nos ascendants ou collatéraux ? Si j'agis par instants comme mon père, est-ce génétique ou mimétique ? Souvent les deux à la fois. Mais ça signe aussi ce qui dans mon destin ne dépend pas de ma seule volonté et assure une continuité, même à mon insu.

L'autre est un élément du réel mais y occupe une place unique, où se rejoignent, pour moi, le familier et le mystère. Le familier c'est ce qui me rapproche de lui, le mystère ce qui maintient une barrière infranchissable entre lui et moi. Or les deux me sont nécessaires. La familiarité lisse les aspérités de ma solitude, le mystère peut m'épargner de trouver l'autre trop prévisible. Certes, cela ne marche pas toujours. Que tout autre soit un mystère ne suffit pas à le rendre intéressant. Bien des mystères ne stimulent guère ma curiosité. Heureusement, dans le nombre, je trouve toujours de quoi en apprendre plus sur mon espèce, collectivité innombrable de mystères incarnés.

Mais bien rares sont les liens indéfectibles. On peut partager le même lit des années, puis ne plus se voir, même sans fâcheries. On peut travailler ensemble chaque jour pendant dix ans en parfaite entente, jusqu'à ce que, changeant d'entreprise ou de lieu, on ne soit même plus amenés à se croiser. J'en ai retenu que les liens de longue durée sont une exception précieuse et méritent tous les soins.

Chaque rupture ou mise à distance souligne que notre solitude n'est pas qu'un constat philosophique. De nos jours, même les liens familiaux ne garantissent aucune pérennité. Paradoxalement, plus nous disposons de moyens de communiquer à distance, plus cette dernière semble s'accroître.

Lorsque l'autre s'éloigne ou disparaît, c'est une petite ou grande amputation. Une partie de moi qui s'était reconnue en ce dernier ne m'est plus accessible. Le plus poignant n'est-il pas qu'un proche, un familier puisse redevenir un inconnu ? C'est la tragédie de la dégénérescence mentale, qui fait casser ce fil si précieux qui nous liait par une reconnaissance mutuelle. Devenir un étranger dans le regard de l'autre est la négation d'une partie intime de moi-même.

Les autres peuvent m'aimer, ils peuvent aussi me tuer, sublimes ou atroces. Quelquefois la crainte d'être comme eux m'angoisse, mais que serais-je sans eux ? Comme dans toutes les familles, il faut me résoudre à les aimer comme ils sont. Si je les détestais, je ne me supporterais pas moi-même.

Et puis, un jour, les autres commencent à faire défaut. Les parents meurent, les enfants s'éparpillent, les amis vieillissent aussi, et les collègues avec lesquels on aimait travailler s'effacent de notre vie. Si la vieillesse raréfie notre environnement, c'est que nous sommes devenus moins nécessaires aux autres et moins attirants. Une manière de vérifier que nous ne sommes pleinement nous-mêmes qu'en lien avec d'autres.

Devenu Octo, puis-je trouver les moyens de les remplacer, de me suffire à moi-même ? On ne nous a ni prévenus ni formés à ce passage obligatoire. La complainte des vieux : « Plus personne ne s'intéresse à moi ni ne vient me voir » s'exacerbe à notre époque où l'on est censé rester autonome, donc ne pas peser sur les autres. Jusqu'à ce qu'ils vous envoient finir à l'hôpital. L'inévitable question du grand âge devient : « Par quoi remplacer les autres ? » Elle est cruelle.

Le journalisme

1978
LE QUADRA

« Si je devais travailler aujourd'hui avec la personne que j'étais à vingt-trois ans, j'aurais du mal à la supporter. »

Enquêter et comprendre, puis décrire et expliquer, quatre raisons pour moi d'aimer le journalisme et de trouver plus fades, moins vivants, la plupart des autres métiers. Ma première fonction dans la presse n'avait rien à voir avec la rédaction. Je vendais, en province, des contrats de publicité pour le quotidien économique familial *Les Échos*. Partant de là, j'aurais pu, comme d'autres, finir directeur de journal sans avoir été journaliste. Mais c'était l'écrit qui m'attirait. Moins de trois ans plus tard, j'avais convaincu mes patrons – et parents – de me laisser en prendre les rênes.

Je m'y attelai avec un esprit de système et des idées préconçues un peu simples. Pour améliorer le journal, il fallait prendre d'abord la mesure de ses insuffisances. J'entrepris donc une tâche dont, jusque-là, l'ampleur avait rebuté les plus tenaces : lire les trente-six pages des *Échos* dans leur entier chaque matin – petites annonces exclues. Pendant une heure et demie, je soulignais en rouge les répétitions, les contradictions entre titre et article, les imprécisions, lourdeurs, mastics (inversions typographiques), mise en pages malhabile, loupés (informations publiées chez les autres mais pas chez nous) et remplissages inutiles. À dix heures, pendant la conférence générale de rédaction, je faisais profiter, publiquement, l'ensemble des rédacteurs de mes critiques. Convaincu de leur pertinence, je m'étonnais qu'elles ne rencontrent pas, chez ceux que je mettais ainsi au pilori, une adhésion spontanée.

Si je devais travailler aujourd'hui avec la personne que j'étais à vingt-trois ans, j'aurais moi aussi du mal à la supporter. À peine sorti alors de seize années de scolarité, je devais croire que le style correction des copies était la manière normale d'exercer son autorité.

La jeunesse possède cette naïveté et cette vertu de s'impatienter devant l'imperfection. J'admettais mal qu'une enquête décidée le matin ne soit pas le soir complète, exacte, concise et rédigée comme du Stendhal. J'apprenais – au détriment de mes collaborateurs – les pesanteurs de ce métier artisanal.

Chaque journaliste privilégie quelque aspect de son art. Certains ont la passion du scoop, l'orgasme du métier : être le premier à savoir, à révéler. D'autres trouvent leur jouissance dans le déroulement de leur propre style, le chatoiement de leurs idées. Rien de tout cela ne m'indiffère, puisque ces ingrédients sont nécessaires à la réalisation de ce qui représente le sommet de mon ambition professionnelle : un bon journal. Pour tenter justement d'en trouver la recette, je cherche à me mettre à la place du lecteur, à imaginer quel service il attend. Aussi ai-je favorisé, dans les huit ou dix titres que j'ai dirigés, des qualités sans panache mais essentielles, comme la clarté, la précision, la couverture de l'actualité, la rigueur dans le contrôle des faits, l'élégance de la présentation et, surtout, l'honnêteté intellectuelle.

La découverte (en 1963) que les newsmagazines new-yorkais avaient mis en place de véritables chaînes de montage pour articles rejoignait mes propres fantasmes professionnels. Pourquoi, en effet, ne pas valoriser ce que le talent de chacun a de meilleur ? S'il sait rassembler l'information, il sera reporter et enverra des notes en vrac ; pendant ce temps, celui qui a la méticulosité nécessaire pour les dossiers « peignera » la documentation disponible sur le sujet et en extraira l'essentiel ; enfin, le plus doué pour l'écriture composera son article à partir des éléments qu'auront fournis d'une part le reporter, d'autre part le documentaliste ; avant qu'un pinailleur de métier soit chargé de vérifier chaque nom, chaque chiffre et chaque affirmation.

Time et *Newsweek* étaient ainsi fabriqués chaque semaine depuis près d'un demi-siècle, et je croyais qu'à l'occasion de la transformation de *L'Express* en magazine (en 1964) ces méthodes pourraient être mises à profit par une rédaction française.

Je remis donc à mon frère Jean-Jacques, chef d'orchestre de cette mutation, un rapport circonstancié qu'il trouva à son goût. Mais les rédacteurs de *L'Express* s'estimèrent trop chevronnés pour s'intéresser à de nouvelles méthodes de travail (surtout américaines). Ils n'eurent de cesse de revenir au journalisme individuel.

Après tout, l'artisanat a ses délices quand il est pratiqué avec passion et, l'âge venant, c'est la forme de journalisme qui me donne à moi aussi le plus de satisfaction. Faire tout tout seul, depuis l'idée même de l'enquête jusqu'à la signature finale. Disposer de temps pour préparer le sujet à fond. Avoir tout lu, vu tout le monde. Se retirer au calme pour méditer le plan du papier. Puis l'écrire, le réécrire, le peaufiner jusqu'à ce qu'il coule naturellement. Trouver soi-même les illustrations ou les faire faire sur mesure. Rédiger les légendes. Discuter de la mise en pages avec le maquettiste afin que texte et photos s'harmonisent au mieux. Et, pour finir, assister à la composition au marbre, en face du typo, dans une bonne odeur d'encre d'imprimerie. Quel rêve !

La vraie vie est, là encore, souvent différente. Temps rationné, documentation incomplète, chiffres non disponibles, rendez-vous manqués, budget d'illustration ridicule, nombre de colonnes trop restreint et généralement raccourci au dernier moment. Encore heureux quand votre papier, enfin terminé, ne saute pas en faveur d'un autre, soudain plus urgent.

Après plus de quinze années de vie professionnelle, les formes de journalisme que je pratique moi-même relèvent de deux extrêmes du métier. La plus globale, c'est la conception et la création d'un nouveau journal.

D'abord, trouver une idée solide, après en avoir éliminé une vingtaine, aussi séduisantes qu'irréalistes. Puis, chercher le rédacteur en chef, et – ce qui n'est pas le plus facile – le convaincre de tenter avec moi l'aventure. Dialoguer alors avec lui sur la formule du futur titre, son architecture, ses rubriques, son style typographique. Recruter avec soin chaque rédacteur. Une embauche hâtive ne débouche-t-elle pas trop souvent, à terme, sur un départ pénible ? Enfin, réaliser les maquettes et les essais, jusqu'au symbolique numéro 1. C'est pour vivre cette gestation que je préfère créer des journaux plutôt que d'en acheter. Même si un premier numéro est toujours décevant (c'est d'autant plus regrettable que c'est celui qui, au moins par curiosité, sera le plus lu par le public), rien ne remplace l'impression de frais, de vierge, de neuf d'un lancement.

L'autre forme de journalisme que je pratique est, au contraire, la plus simple et la plus effacée : poser des questions. Quand je le fais pour des interviews écrites, mais surtout dans mon émission *Questionnaire*, j'y cherche le plaisir de la découverte. Pour pratiquer ce jeu, la télévision est plus féconde que l'imprimé. Interviewé par un journal, on peut se relire, se corriger ou se contredire avant publication. Ce qui passe à l'image montre un personnage plus spontané et plus complet. Tout le monde peut mentir par écrit. Mais pour mentir sans trouble devant une caméra, il faut une dose d'aplomb qui devient un talent.

Le journalisme et les journalistes peuvent se préparer à affronter, pour plusieurs raisons, des années difficiles. Vu sous l'angle de leur compte d'exploitation, les journaux sont d'autant plus rentables qu'ils emploient moins de journalistes. De surcroît, les sociétés de rédacteurs ont contribué à faire considérer aux éditeurs de journaux qu'une rédaction était plutôt un essaim de frelons que le creuset de la qualité de leurs titres. Aussi s'efforceront-ils à l'avenir de limiter leurs effectifs de rédacteurs salariés au strict minimum, préférant faire appel à des pigistes. Désormais, chaque journaliste employé sait que dehors plusieurs confrères désœuvrés rêvent de prendre son poste. Ce ne sont pas les conditions idéales pour la création libre et l'indépendance d'esprit.

Combien restera-t-il, dans l'avenir, de titres ou de médias générateurs d'articles et d'efforts rédactionnels talentueux, originaux et approfondis ? Où sera-t-il encore possible pour un journaliste d'être employé et publié ? Je ne distingue pas de réponse rassurante à ces questions. Où trouvera-t-on les anciens (ou ex-futurs) journalistes ? Au mieux dans l'édition, la publicité et les relations publiques, au pire au volant d'un taxi.

2018
L'OCTO

« Je me suis trouvé, vers la soixantaine, confronté à une technologie de rupture devant laquelle mon expérience n'était plus adaptée. »

La presse écrite agonise, mais le journalisme est plus que jamais nécessaire. En un demi-siècle de métier, j'aurai vécu la montée en puissance et en qualité des journaux imprimés puis leur grand remplacement par le numérique. Mes petits-enfants lisent encore (un peu) des livres, je n'en ai surpris aucun en train de tourner les pages d'un journal.

Je me souviens de l'odeur spéciale de l'encre d'imprimerie lorsqu'on allait au pied des rotatives attraper les premiers exemplaires du numéro pour s'assurer qu'il ne comportait pas d'atroces erreurs. Mais c'est sans regrets. Comme tout le monde, je m'informe sur mes écrans de bureau, de tablette ou de poche. Quand il m'arrive de devoir lire un quotidien imprimé, je le trouve peu maniable, un peu grisâtre et je dois ensuite me laver les mains.

En entendant des amis de ma génération parler de la jouissance du contact physique avec le papier, je les trouve bien peu écologistes. Le papier, qui décime les forêts, est la deuxième industrie la plus lourde après la métallurgie. Il faut ensuite véhiculer magazines et journaux sur tout le territoire. Et les deux tiers du tonnage mis en place dans les points de vente sont ensuite, faute d'acheteurs, envoyés au pilon. Côté pratique, quand il m'est arrivé de télécharger, à peine sorti à Paris, mon quotidien depuis Tokyo ou New York, je me suis souvenu du temps où je devais attendre deux jours avant qu'il ne m'arrive.

En disant qu'on lit la presse, on dénote son âge. Ce sont tous les nouveaux médias qui m'offrent un bouquet de sensations, mots, sons, images, constamment mis à jour et aussi divertissants qu'informatifs. La manière dont je consomme l'info me rappelle le passage en vacances des menus structurés aux buffets abondants du Club Med : au début on charge trop son assiette, on picore de tout, puis on se régule, mais on ne voudrait surtout pas revenir au classique entrée-plat-dessert.

Depuis le début de ce siècle je suis fasciné par cette révolution de l'information d'une ampleur plus globale et plus immédiate que l'invention de l'imprimerie. Le passage de la presse écrite à l'information électronique, de cette industrie lourde au virtuel portatif, a décuplé le rôle des médias, probablement exagéré, outrancier, mais toujours indispensable. Mais quel rôle exactement ?

Il me revient souvent à l'esprit cette conversation, en 1963, avec le rédacteur en chef de *Time Magazine*, alors en pleine puissance (quatre millions d'abonnés) : « Vous allez transformer *L'Express* en newsmagazine. Ce sera un succès, mais n'oubliez pas que sous couvert de faire de l'information, vous offrez du divertissement. » Car quelles fonctions remplit le journaliste ? Révéler, expliquer, raconter, divertir. Les deux dernières relèvent désormais davantage de la vidéo, plus séduisante et qui ne nous demande pas le même (petit) effort que la lecture. Mais pour la révélation et l'explication, l'écrit garde sa raison d'être.

On a vu, pendant la campagne présidentielle de 2016, combien les scoops de deux médias écrits, l'un papier, *Le Canard enchaîné*, l'autre numérique, *Mediapart*, avaient bouleversé les prévisions politiques. Les technologies ont changé, mais le rôle du quatrième pouvoir demeure : traquer le secret qui assure l'impunité à tant d'atteintes aux libertés ou à l'honnêteté. La démocratie a plus que jamais besoin de lanceurs d'alerte.

Pendant que je me prépare le matin, l'information, comme pour nous tous, m'arrive par la radio. Plus tard, lisant un ou deux quotidiens sur mon iPad, je souris en y retrouvant les faits et les idées dont se sont nourris les confrères radiophoniques sans citer leurs sources.

Pierre Lazareff, un parangon pour les patrons de presse, quand il dirigeait *France-Soir* dans les années 50, disait : « Quand j'étais plus jeune et qu'une nouvelle stupéfiante tombait, on descendait dans la rue pour acheter le journal. Maintenant on remonte chez soi pour regarder la télévision. » Aujourd'hui, dans la rue ou chez soi, aucun effort à faire, un jingle nous alerte sur l'un de nos écrans. Le son est le même, que ce soit pour annoncer un résultat sportif ou la mort d'un chef d'État. Et c'est gratuit. La nouvelle coûte moins cher que le temps nécessaire pour en prendre connaissance.

Je ne me suis jamais demandé pourquoi j'étais devenu journaliste et patron de presse, tellement la réponse était évidente : je suis né dedans, ça m'a plu et j'y suis resté… cinquante-cinq ans. En revanche on m'a posé la question banale : « Auriez-vous aimé faire un autre métier ? » C'eût été musicien, peu importe dans quel rôle, compositeur, interprète, chef d'orchestre. Seule la musique me met en lien avec tous mes semblables contemporains ou du passé, même quand je suis seul à l'entendre. C'est pour jouir du plaisir de l'écouter que j'ai créé, en 1982, Radio Classique. Après quoi je me suis employé à repasser son compte d'exploitation structurellement déficitaire à un amateur sans problèmes financiers. Elle appartient maintenant à Bernard Arnault. Jackpot ! Je me contente d'être un auditeur gratuit.

Mais le métier de journaliste devait mieux correspondre à mon tempérament : curiosité d'un peu tout, savoir, oui, mais surtout comprendre. J'en ai assumé la superficialité un peu ludique et peu laborieuse. Le journaliste se promène dans son époque, assuré de ne pas s'ennuyer, puisqu'il lui revient de raconter ce qui change ou ce qui étonne.

Chemin faisant je me suis trouvé, vers la soixantaine, confronté à une technologie de rupture devant laquelle mon expérience n'était plus adaptée. J'étais alors suffisamment jeune pour devenir un fervent utilisateur d'Internet, des mails et des moteurs de recherche, mais déjà trop vieux pour penser numérique, au sens où Rodin disait que le sculpteur doit « penser marbre ». J'ai alors réalisé que je ne pourrais plus imaginer de nouveaux médias, basés sur une virtualité dont je n'étais pas natif.

Mais j'estimais qu'il resterait assez de lecteurs adultes, nés comme moi au XXe siècle, pour justifier encore une quinzaine d'années l'existence de magazines, *Psychologies*, puis *Clés*, que je continuais à faire « à l'ancienne ». Ça a bien marché avec *Psychologies*, qui a connu ses meilleures années au début du siècle. Mais j'ai senti, en 2008, que le moment était venu de le vendre, ne serait-ce que pour assurer mes vieux jours. Trois mois plus tard, les chiffres de diffusion et de publicité ont commencé à décliner, comme pour presque tous les titres. Cette fois, j'avais sauté à temps du train fatal.

Il aurait fallu s'arrêter là et me contenter de cultiver mon jardin. Mais Perla et moi avons quand même été tentés de faire *Clés*, un magazine dédié à une thématique essentielle à nos yeux : la recherche de sens dans une société déboussolée. Ce fut intellectuellement et esthétiquement gratifiant pendant six ans, mais financièrement coûteux.

Il nous a fallu en 2016 fermer *Clés*, en hémorragie de lecteurs et d'annonceurs.

Psychologiquement ce fut une expérience révélatrice. J'ai compris pourquoi il était naturel et nécessaire qu'une génération succède à une autre, parce qu'elle pouvait voir le monde avec d'autres yeux. J'avais été innovateur dans mes jeunes années et avais contribué à mon tour à transformer le petit univers où j'évoluais. Mais à présent, quand des aspirants journalistes viennent me demander un conseil sur leur carrière, je les adjure d'oublier la presse écrite, frappée d'obsolescence.

Quant à moi, désormais, je me suis inventé une sorte de journalisme existentiel, davantage captivé par les tendances profondes de l'individu ou de nos sociétés, comme par les grands mouvements d'une histoire à laquelle il participe depuis près d'un siècle. Ne suis-je pas né avant la télévision, le cinéma en couleurs, les antibiotiques, le droit de vote des femmes, la décolonisation, le rideau de fer sur l'Europe, la bombe atomique, la sécurité sociale, les voyages aériens, etc. ? Et surtout longtemps avant la communication électronique, qui est en train de remodeler les rapports entre les Terriens.

Changement de repères : l'Octo recherche l'intemporel, le fondamental, qui se nichent dans les banalités de nos jours. Pour lui, les tortillements du quotidien perdent leur intérêt. Prise de conscience que pour retrouver l'essentiel il faut se détacher du mouvement brownien d'une humanité dont je suis inévitablement voué à m'éloigner. J'ai désormais faim de philosophie, de psychologie, de spiritualité, de contemplation bien plus que d'actualité.

Pendant le temps qui me reste, il est improbable que le monde change vraiment. Ses évolutions, d'une ampleur encore sans équivalent, concerneront mes descendants. À ce titre elles continuent à titiller ma curiosité. Je m'aperçois que je continue à suivre de près un avenir qui ne sera pas le mien. Rassurant de constater que l'on peut penser et même vibrer au-delà de soi.

J'en suis même venu à développer comme une allergie à l'égard de ce flux d'informations dont nous sommes en permanence saturés. C'était pourtant mon métier, mais j'observe quotidiennement combien une info qu'on nous jette en urgence à la figure a toutes les chances d'être oubliée dans l'heure ou dans la journée, chassée par une autre soi-disant tout aussi importante. Une part infime de ces nouvelles nous concerne directement et les péripéties du monde font de nous des voyeurs des drames des autres.

Chaque soir j'allume quand même ma télévision à vingt heures, ne serait-ce que pour savoir quel est le menu médiatique qui va influencer les opinions et les humeurs de mes concitoyens. La plupart du temps, après l'annonce des titres, je dis à Perla : « Il ne se passe rien. » J'éteins l'écran pour laisser la place à nos discussions en attaquant le dîner.

Sans journal, sans équipe, je me sens plus léger. Mais j'ai conservé le principal : j'écris. J'ai connu toutes les périodicités de la presse, du quotidien au bimestriel ; en sortant un livre par an, je suis à ma manière passé à l'annuaire. J'alterne les sujets d'information (*Trop vite !*, *Pourquoi les riches ont gagné*, etc.) et les livres de réflexions personnelles (*C'est la vie !*, *Fragments de lucidité*, ou les pages que vous êtes en train de lire).

Pourquoi le fais-je ? Je pourrais m'en passer et vivre enfin un pur loisir. Mais je pressens qu'il me manquerait le sens dont j'ai besoin au jour le jour. Même si personne n'attend mes livres ou si ceux que j'ai publiés ne changeront pas le monde, écrire reste à mes yeux une occupation noble, qui structure mon temps. C'est ma manière de me sentir exister au monde et, jusqu'à maintenant, ça n'a fait de tort à quiconque.

Dans le même temps, j'ai quand même eu envie de maintenir, ne serait-ce que symboliquement, une publication destinée aux autres. Plutôt que de m'adonner à la trivialité de Facebook, dont je trouve l'ergonomie repoussante, Perla et moi avons lancé « Le 5 h 30 » qui envoie quatre sourires par semaine à nos proches, ou ceux qui voudraient le devenir. C'est gratuit, léger, sans « like », sans « changement de statut » ou de « profil ». Tapez « Le 5 h 30 » sur Google et profitez-en avec nous.

La politique

1978
LE QUADRA

« Avec la politique on connaissait l'orgasme de l'élection, les délices de la renommée et une autojustification à toute épreuve. »

Le virus de la politique s'est montré, chez moi, un syndrome d'adolescence plus rebelle que l'acné. Il m'a fallu attendre d'avoir trente-cinq ans pour ne plus en ressentir les fièvres.

Par ma famille, je baignais, il est vrai, dans un milieu contagieux. Mon père, puis ma mère ont été maires. Avec un frère député, une sœur et une tante sénateurs, un cousin qui ne ratait pas une campagne électorale (et, comme suppléant, siégea même quelque temps dans l'hémicycle), les stéréotypes ambiants à l'époque des frères Kennedy me préparaient naturellement à me présenter à mon tour au suffrage populaire.

Dans la hiérarchie des valeurs de notre enfance, la politique occupait la case du haut. J'ai même longtemps cru que c'était là l'aboutissement normal d'une vie réussie. De quoi s'imprègne un jeune homme, sinon des thèmes dominants des conversations de la table familiale ? Mes parents, n'ayant pas fait d'études supérieures, n'étaient pas des intellectuels. Ne pratiquant pas la musique, la peinture ni la poésie, ils ne suscitèrent guère chez nous de vocations artistiques. Et comme ils ne se passionnaient ni pour l'argent, le sport ou la cuisine, de quoi donc pouvaient-ils parler devant nous à part de petits problèmes quotidiens, de nos études et de politique ?

L'image du fonctionnement de la société ainsi façonnée nous avait convaincus que pour se trouver « là où ça se passe », il fallait entrer en politique. Par rapport à elle, les affaires paraissaient médiocres, la littérature stérile, les sciences parcellaires et les mondanités futiles.

Ce que la politique offrait à nos yeux d'idéal, c'est qu'elle devait réconcilier la morale et l'ambition. Par elle, on pouvait changer la société, se dévouer aux causes désintéressées, dénoncer les injustices et redresser les torts. En échange de quoi l'on connaissait l'orgasme de l'élection, les délices de la renommée et une autojustification à toute épreuve. Les jugements acerbes de mon père sur les politiciens contribuaient à renforcer notre conviction que nous saurions faire mieux qu'eux et plus vite, parce que nous serions plus lucides, plus honnêtes, plus courageux et plus efficaces. Et voilà !

Avec le recul, je n'arrive même pas à nous trouver risibles. Les naïvetés de jeunesse sont source de créativité et d'énergie. Que l'on veuille ouvrir une épicerie, composer un opéra ou enseigner des enfants, ne faut-il pas, pour se mettre en condition, s'autopersuader que le monde attend d'urgence que vous vouliez bien vous occuper de lui ?

Si la politique paraissait si importante et satisfaisante, pourquoi donc n'en ai-je jamais fait ? Peut-être me suis-je façonné un système de valeurs différent. Tandis que mon frère et ma sœur aînée essuyaient leurs premiers échecs électoraux (il ne suffit pas d'être impatient pour être élu), je faisais mes premiers pas dans la presse, l'autre pôle d'intérêt de notre enfance. J'y apprenais des exigences d'indépendance d'esprit, de respect des faits, de recherche de l'authenticité et d'ouverture aux courants opposés. En même temps, comme chef d'entreprise, je me mettais à l'école de l'efficacité et de la recherche, du rapport le plus serré possible entre l'action et le résultat.

Plusieurs fois tenté ou sollicité de me présenter à diverses élections, il me fut facile, au début, de répondre qu'il était encore trop tôt. Mais, passé trente ans, j'ai pris progressivement conscience que je manquais probablement d'aptitudes pour les abnégations ou pour les compromissions nécessaires. Sous ses extérieurs stimulants et prestigieux, la politique m'apparaissait de plus en plus comme un sacerdoce décevant. Pour s'en convaincre, rien ne vaut de côtoyer des élus de sa famille. On vibre avec eux les soirs d'élection quand chaque coup de téléphone apporte un résultat partiel, prometteur ou inquiétant. Mais, le reste du temps, on mesure de quoi est faite leur existence et, à travers leurs récits, le véritable niveau de la vie politique du pays.

L'été 1970, comme nous séjournions régulièrement dans une maison de famille nivernaise, François Mitterrand m'avait proposé pour une élection partielle au conseil général qui devait revenir à un candidat du centre gauche. Le siège de député de la circonscription paraissait même accessible aux législatives suivantes. Au même moment, j'étais en train de prendre le contrôle du seul quotidien du département, *Le Journal du Centre*. En épure, on ne pouvait rêver d'auspices plus favorables pour une carrière politique. Trente-trois ans, un patron politique prestigieux, maître absolu de son département, et le soutien du journal local. Ne pouvais-je déjà m'imaginer en rêve secrétaire d'État aux Travaux publics ?

Un samedi matin, je méditais dans la bibliothèque sur le parti à prendre devant cette occasion, à laquelle tout jusqu'ici semblait me préparer. Soudain fit irruption un inconnu qui se présenta sans façon comme un de mes futurs supporters dans le canton. Il se lança dans un long exposé sur ce qu'en disaient les uns et les autres, ce qu'on attendait de moi, les visites que je devrais faire. Pendant qu'il grignotait ainsi ma matinée, je revis ma mère, à Veulettes, se levant au milieu du déjeuner pour accueillir des administrés en quête d'un conseil de leur maire. Je songeai au nombre de fois où ma sœur laissait sa famille en week-end pour assister à d'indispensables vins d'honneur à Meulan. J'imaginai mon frère en train d'effectuer une de ses inlassables navettes entre Nancy et Paris.

En raccompagnant mon électeur, j'avais compris que cette maison qui représentait pour moi la paix de l'esprit, l'atmosphère familiale et le travail à tête reposée allait devenir un PC électoral, puis un petit centre nerveux de la politique locale. Cet excellent homme – dont je n'ai pas retenu le nom – venait de m'aider à y voir clair. Mais pas dans le sens où il l'espérait. J'ai refermé ma porte sur lui et sur la politique.

Mais vouloir préserver une existence personnelle ne constitue évidemment pas une excuse suffisante. Si, vers quarante ans, je ne vois plus la politique avec les mêmes yeux que vers vingt, c'est que quelque chose a changé. Elle ? Moi ? Les deux ?

Il est certain, par exemple, que les grandes questions dramatiques à propos desquelles on pouvait charger sabre au clair se sont estompées. Mes premières années avaient baigné dans le manichéisme le plus justifié qui soit, celui d'une guerre où les ennemis – nazis et fascistes – incarnaient le mal absolu. Ce n'est que beaucoup plus tard que j'ai réalisé combien sont rares les conflits où il est aussi facile de choisir son camp.

Adolescent, entre quinze et vingt-cinq ans, j'ai suivi, de Mendès France à l'indépendance algérienne, les péripéties d'une décolonisation qui permettait encore des convictions assez claires. Il n'était déjà plus possible de réprouver les pieds-noirs aussi allègrement que les « collabos », mais la guerre coloniale et la torture favorisaient encore de justes indignations. Depuis la fin de la guerre d'Algérie en 1962, en revanche, une quinzaine d'années de paix et de croissance ont ramené le débat à la normale, c'est-à-dire à la gestion d'intérêts justifiés mais contradictoires. Les grandes causes se sont faites plus floues.

Vu de près, cet univers s'écarte un peu trop de ce que l'idéalisme de l'adolescent aurait aimé qu'il fût. Il m'a fallu du temps pour comprendre que le but dominant de la politique n'est pas de résoudre au mieux et au plus vite les problèmes d'un peuple, mais de conquérir le pouvoir, et de s'y maintenir. De ce premier décalage entre les principes et la réalité découlent tous les autres. Il me restait le droit de ne pas jouer.

D'autant que les charges qui découlent des avancées sociales qu'ont permises les trente glorieuses vont peser lourd sur les générations futures. Exemple central, les progrès en matière de santé. Quel que soit le gouvernement au pouvoir dans l'avenir, la liberté pour tous d'être soignés quasi gratuitement imposera de telles charges que nous ne pourrons pas continuer à bénéficier de la libéralité actuelle. Devant la marée estudiantine, la liberté d'accès à l'université sera, plus ou moins ouvertement, restreinte, à moins que l'on ne s'accommode de la dévaluation des diplômes délivrés.

Dans les deux cas, il y a appauvrissement d'une liberté. Celle de faire appel à la justice ne s'exerce qu'avec une lenteur extrême devant l'engorgement des tribunaux. Le retard de la procédure en annule trop souvent l'effet.

Peut-être les Français ont-ils atteint la maturité nécessaire pour ne plus se bercer d'illusions individualistes et se préparer à entrer durablement dans la liberté bien tempérée. L'avenir nous réserve probablement une accentuation de cette tendance. Que les inquiétantes prédictions du Club de Rome soient ou non exagérées, tout le monde admet désormais que nos principales ressources énergétiques et minérales ne pourront continuer à être gaspillées.

Certes, le retour du chômage faisait, en 1977, redouter la croissance zéro. Mais dans les dix ans, le problème d'une expansion compatible avec les ressources de la planète, donc plus modérée, se posera aux pays industriels avancés. Naturellement, si le gâteau doit grandir moins vite, on n'en discutera que plus âprement son partage.

2018
L'OCTO

« Une vision plus réaliste de la politique se résume pour moi à cette formule célèbre outre-Atlantique : *It's a dirty job, but someone has got to do it.*

« En politique, une semaine c'est long », soupirait, dans les années 70, Harold Wilson, Premier ministre de Sa Majesté. Alors, que dire de quarante ans ? Comme journaliste, je les ai vécus toujours attentif à l'actualité et l'impression que j'en retire aujourd'hui se résume dans la citation rabâchée du *Guépard* de Lampedusa : « Il faut que tout change pour que rien ne change. » Ou selon la formule de Marshall McLuhan, premier prophète des médias : « Quand tout aura été dit et fait, davantage aura été dit que fait. »

Pourtant, ces quatre dernières décennies n'ont-elles pas vu se produire l'impensable : la chute de l'Empire soviétique sans que soit tiré un coup de feu ? N'ont-elles pas amené en France l'improbable : l'élection de deux présidents socialistes ? Sans oublier deux ébranlements qui marquent déjà le siècle : celui des sociétés humaines, avec la montée inexorable de la parité hommes-femmes, celui des grands équilibres mondiaux, avec l'ascension météorique de la Chine au rang de deuxième puissance planétaire.

Le monde d'aujourd'hui n'est à l'évidence plus le même que celui des années Giscard, celles de mes quarante ans. Mais la politique a-t-elle pour autant changé ? Que dans nos vieilles démocraties on ait l'impression que non est une bonne nouvelle. Certes les électeurs y portent quelquefois au pouvoir des personnages insuffisants ou baroques, mais tant que l'on peut prévoir qu'au bout de leur mandat ils pourront être remplacés par un nouvel élu, il n'y a pas lieu de s'inquiéter. Un Français, un Ouest-Européen ou un Américain peuvent compter sur des processus démocratiques. Un Turc, un Iranien, un Russe, un Chinois ou un Congolais doivent se contenter d'en rêver.

On ne se frotte pas à la politique sans rencontrer enthousiasmes et déceptions. Enfin allégé de mes illusions juvéniles, une vision plus réaliste se résume pour moi à cette formule célèbre outre-Atlantique : *It's a dirty job, but someone has got to do it* (c'est un sale boulot, mais il faut bien que quelqu'un le fasse)…

Elle est loin l'époque où l'homme politique (il n'y avait guère alors de femmes) gardait un certain prestige. On ne les admire plus, on ne leur fait plus confiance (à l'exception des maires, mieux appréciés par leurs administrés parce que plus proches). Pourtant nos élus sont rarement corrompus et, quand ils sont pris la main dans le pot de confiture, ne s'en remettent pas électoralement.

En démocratie les citoyens sont de plus en plus informés, éduqués et impatients. Leur demande à l'égard des politiques est autocentrée et prosaïque : « Qu'avez-vous fait pour nous, récemment ? », en insistant sur le « récemment ». Et ils sont rompus à la déconstruction des rhétoriques creuses et des promesses intenables. Bref, on ne la leur fait pas.

Je suis aussi devenu plus indulgent à l'égard de nos élus. Leurs majorités sont le plus souvent étriquées et les finances qu'ils doivent gérer faméliques. Ils sont donc condamnés à bricoler, louvoyer, accepter des compromis, en rabattre sur leurs ambitions et leurs engagements. Le glamour de la fonction se ternit vite.

J'ai gardé un souvenir réjoui d'une soirée de juin 1970 à Nancy, où mon frère Jean-Jacques venait d'être élu député. Sur la superbe place Stanislas aux grilles dorées, nimbé de la lumière du couchant il passait, radieux, la veste à l'épaule, au milieu de supporters galvanisés. C'était son apothéose personnelle. Les complications ont commencé le lendemain, les ennuis n'ont pas tardé à venir ; rien là que de très normal.

Le métier politique est mal rémunéré. Certains ont pu même être tentés de se faire offrir des costumes par un supporter compromettant. Le quotidien est épuisant et sans confort. Quelques semaines à peine après être devenu ministre, Nicolas Hulot soupirait : « Je vous confirme que je n'ai plus de vie privée. » Mais alors comment trouve-t-on encore tant de candidats ? Parce que l'on y rencontre l'illusion du pouvoir. Chacun en détient bien une bribe, mais tellement moins qu'il l'avait fantasmé. Même l'homme qui en eut le plus dans notre histoire récente, Charles de Gaulle, maugréait : « Le pouvoir c'est l'impuissance. »

Comme patron de presse d'organes notables, j'ai eu l'impression de disposer d'un pouvoir plus simple, plus complet et plus stable qu'en politique. Je pouvais décider seul, entouré de collaborateurs et sans adversaires politiques, seulement des concurrents. Tant que les résultats étaient positifs et que chaque matin je disais bonjour en souriant alentour, personne ne contestait mon rôle. Et je n'ai même pas été totalement dépourvu d'influence sur l'opinion d'une petite partie de mes contemporains. Le tout sans devoir renoncer à mes week-ends ni à mes vacances.

Mais ce n'est pas une préférence pour le confort de vie qui m'a empêché de me glisser dans la peau d'un politicien. Au fond, je n'ai pas vraiment eu le goût du pouvoir. À plusieurs reprises je me suis retrouvé à la tête de centaines de salariés et ça ne m'a pas spécialement gratifié. J'ai plusieurs fois choisi de quitter ces positions de patron, qui m'éloignaient du produit, de la réalisation du prochain numéro et de l'élaboration de son contenu. Certes, un manager a besoin d'une dose de pouvoir, mais plutôt de puissance. Laquelle, pour moi, consistait à avoir de bons journalistes, une bonne réputation, des bénéfices réguliers. Fort de quoi je pouvais imaginer, créer et peut-être réussir. Pouvoir et puissance sont des outils, pas l'objectif. J'aurais fait un piètre despote.

Pourquoi, aujourd'hui, faire de la politique ? Dans le passé il y avait encore des bastilles à prendre, pour conquérir plus de liberté, de justice, d'espoir de sortir de la misère. La principale trace de la présidence de Mitterrand s'est concrétisée au tout début de son règne : l'abolition de la peine de mort, proposée par Robert Badinter. C'était la dernière grande liberté mobilisatrice. En comparaison de laquelle le reste de ses quatorze ans de présidence releva davantage de la gestion ordinaire d'un pays.

Je n'en suis pas moins convaincu qu'il reste à la politique une mission majeure, et pour longtemps : la défense des droits de l'homme, qui sont à nouveau l'objet d'attaques ou de remises en cause sans précédent. Ce devoir de préservation vigilante offre une idéologie non meurtrière aux générations qui entrent dans l'action publique.

Les nouvelles menaces sur les valeurs démocratiques, par des régimes populistes et illibéraux ou par le règne de la financiarisation mondialisée, nous rappellent que les justes combats sont loin d'être victorieux. Nos gouvernements étant souvent enclins, pour des raisons mercantiles, à quelques compromis avec les démocratures, il revient à la société civile de leur rappeler inlassablement les bases humanistes sur lesquelles repose notre civilisation. C'est pourquoi j'ai lancé puis dirigé pendant dix ans le comité français de Human Rights Watch, le principal gardien du temple des droits humains. De là, j'ai pu observer de près les constantes attaques et remises en cause de ces derniers par les dictateurs, les autocrates, les fondamentalistes de toutes croyances, au premier rang desquels les islamistes. J'ai pris la mesure du dédain, dans nos pays avancés qui se croient exemplaires en la matière, avec lequel sont souvent traités les droits humains. D'où cette expression condescendante de « droit-de-l'hommisme » dont je suis fier de me réclamer.

Ne serait-ce que pour ça, il y aura pour mes descendants encore à faire en politique.

Le business

1978
LE QUADRA

« Aussi arrivai-je à la conclusion que si je réussissais ce que j'entreprenais, c'est que ça ne devait pas être très calé. »

Mon entrée dans la vie adulte a coïncidé, en France, avec la ruée vers le business. Cette fièvre, plus générale et plus conséquente que celle de l'or, s'est emparée du pays vers la fin des années 60.

Dans mon enfance, l'industrie française n'avait pas la cote. Les jouets d'importation (chacun juge selon ses pôles d'intérêt du moment) m'avaient toujours été décrits comme nettement supérieurs. Les idées économiques reçues nous étaient uniformément défavorables : les Anglais exportaient mieux, les Allemands construisaient plus solide, les Japonais étaient moins chers, les Italiens avaient plus de goût, les Américains savaient mieux gérer et les Suisses ridiculisaient notre chocolat.

On se flattait, à Paris, de fréquenter des diplomates, des écrivains, des scientifiques, des députés, des médecins ou même des banquiers, mais pas des patrons, plutôt assimilés à des provinciaux besogneux. Parmi toutes les études que l'on me proposait d'entreprendre, aucune école ne traitait du monde des affaires. On n'avait pas encore découvert les business schools, et la pâle réputation des écoles commerciales françaises n'incitait guère à s'y précipiter.

Cette méfiance pour l'industrie n'était pas récente. La petite épargne française de la Belle Époque se laissait plus facilement aguicher par les bons d'État, les emprunts russes et les tramways de Shanghai que par les actions des entreprises privées de son propre pays. La Grande Crise n'avait rien arrangé. Une génération entière en était sortie traumatisée.

À travers ce que m'en racontait mon père, j'imaginais cette leucémie des affaires, dont le souvenir le hantait encore : le courrier de plus en plus rare, les contrats qui ne rentrent plus, les voisins qui font faillite, les pancartes « À louer » sur toute la longueur des Champs-Élysées. Un entre-deux-guerres de stagnation terminé en catastrophe avait laissé les acteurs économiques recroquevillés. Pour eux, l'important n'était pas tant de conquérir de nouveaux marchés que de s'assurer que le comptable ne les volait pas. Comme dans tout système sans croissance, on ne pouvait prospérer qu'au détriment de quelqu'un d'autre. Plutôt que des épopées de la concurrence, leur imagination se nourrissait du roman des grandes et petites escroqueries qui semblaient les guetter à tout instant.

Le fantasme dominant n'était pas de fusionner

avec son concurrent pour doubler sa taille, mais de pomper un maximum de trésorerie hors de l'entreprise, à la barbe du fisc. Pourquoi réinvestir dans sa firme de l'argent que l'on pouvait se mettre à gauche ? Pourquoi instituer une comptabilité rigoureuse, destinée à déceler les activités non rentables, puisqu'elle faciliterait, en même temps, la tâche des agents des impôts ? Pour échapper aux miasmes de cette atmosphère étriquée, il m'a fallu, comme à beaucoup de ceux de mon âge, une révélation, sur le chemin de New York. Quand mes yeux se sont ouverts, j'ai vu le management.

C'est alors que, dans mon métier de patron de presse, quelques mois d'étude des principaux journaux américains m'ont fait gagner dix ans. J'y ai appris ce qui me permettrait, au retour, d'établir un plan de transformation de *L'Express* en grand magazine, d'en développer ensuite les activités par acquisitions, de créer d'autres journaux, de recruter et former des responsables qualifiés ; bref, de contribuer à la modernisation de la presse, là où je me trouvais.

Qu'ai-je donc découvert de magique de l'autre côté de l'Atlantique ? Presque rien. J'ai appris à travailler. Les Français, qui se flattent de manier avec dextérité la logique en philosophie ou en sciences, semblaient avoir négligé de l'appliquer à leurs entreprises. Or les novations techniques jouent toujours un rôle moindre qu'on ne le croit de l'extérieur ; l'essentiel des progrès découlent d'une réflexion simple mais méthodique à partir d'éléments déjà existants.

Lorsque je considère mon activité de près de dix-huit ans déjà dans le monde du business, je ne me pose que trois questions : « Est-ce intéressant ? Est-ce difficile ? Est-ce moral ? » Chacune de ces interrogations correspond à une phase de ma propre évolution au cours de ces années de vie professionnelle.

Intéressant ? Au début, ce fut même grisant. Voilà qu'après toutes ces années passées à apprendre et à observer, on me permettait enfin d'agir. Aller à vingt-deux ans à Roubaix pour faire signer des contrats de publicité à des chefs d'entreprise sexagénaires, il n'en fallait pas plus pour se sentir important. Mettre au point, à vingt-quatre ans, avec une équipe d'amis, la nouvelle formule rédactionnelle d'un quotidien et sortir un soir, à minuit, de l'imprimerie avec le premier numéro ainsi rajeuni, c'était exaltant. Quel soulagement joyeux que de m'apercevoir que je pouvais aussi avoir des idées, les appliquer, et que cela marchait ! Comme celui qui vient d'obtenir son permis de conduire ne se lasse pas de rouler, je me gobergeais de travail et de projets.

À l'époque, un peu par inexpérience, un peu sans doute pour valoriser mes efforts, je croyais encore que le business était difficile. Heureusement, je n'avais pas assez de vanité pour m'imaginer capable d'exploits. Aussi arrivai-je bientôt à la conclusion que si je réussissais ce que j'entreprenais, c'est que ça ne devait pas être très calé.

Le petit milieu des managers fait de son mieux pour entretenir l'idée qu'il accomplit des tâches aussi complexes qu'importantes. C'est normal : il faut éviter qu'ouvriers et employés apprennent que ces cadres supérieurs encravatés, fort affairés et si bien payés ne se fatiguent pas tellement les méninges.

Le business est un jeu prenant, mais de difficulté moyenne. Certains le pratiquent comme le poker ; personnellement, je préfère le considérer comme le bridge. J'ai, en tout cas, appris qu'il n'avait pas la rigueur des échecs.

Comme directeur de journal, je peux, au premier degré, me donner aisément bonne conscience. Je ne vends ni tabac, ni alcool, ni drogue, ni armes. Il est très difficile, avec mes produits, de s'abîmer la santé. Je suis même à peu près sûr que la lecture de *L'Expansion* ou de *Lire* n'est pas de nature à pervertir gravement la jeunesse ou à l'abrutir de sottises.

Je ne commerce pas avec des dictatures. La modestie de mes entreprises n'a jamais rendu nécessaire la corruption d'un fonctionnaire ou d'un politicien pour obtenir un marché décisif. Je ne compte la mafia ni parmi mes actionnaires ni parmi mes clients. Aucune fumée toxique ne se dégage des bureaux de mon entreprise, aucun de mes collaborateurs n'y travaille au péril de sa santé (certains y boivent un peu trop, mais je n'y suis pour rien). On n'y trouve ni chaîne de montage ni travaux répétitifs abrutissants.

Il suffit d'ailleurs de remonter un peu en amont de mes activités pour constater que ce groupe de presse ne peut vivre ainsi que parce que d'autres font le sale boulot. Pour que nos journaux sortent, il faut bien, chaque année, déboiser une petite forêt. Il faut aussi que des papeteries déversent dans des rivières leurs produits nauséabonds. Il faut surtout que nous recevions beaucoup de pages de publicité de firmes qui, elles, vendent des armes et paient au SMIC des travaux insalubres.

Personne ne peut se laver les mains des bavures du système. Même pas les syndicats, quand la CGT s'oppose à toute réduction d'emplois dans les usines d'armement. Même pas le consommateur qui favorise sans le savoir les produits d'une multinationale distributrice de pots-de-vin aux dictateurs du tiers monde.

Certes, celui qui fabrique la mitraillette n'encourt pas la même réprobation que celui qui appuie sur la détente. Vivant à une époque où la généralisation hâtive sert de base à toute discussion politique, il est bon de se le rappeler. Mais il est aussi vrai que personne, dans un monde qui se complique, ne peut s'estimer innocent des dommages et des torts sécrétés par le système technicien.

2018
L'OCTO

« J'étais probablement trop intellectuel pour me contenter de faire fonctionner des entreprises, mais pas assez pour devenir un penseur établi. »

Outre le journalisme et l'écriture, j'ai exercé le métier de patron pendant plus d'un demi-siècle. Quel soulagement de ne plus l'être ! Ne serait-ce que pour ne plus avoir à gérer un compte d'exploitation dans un métier, la presse, dont les chiffres sont voués au déclin. Pour ne plus avoir la responsabilité de salariés, même si j'entretenais avec eux des relations cordiales. Allégement soudain des échéances et des responsabilités. Ai-je eu raison d'attendre si longtemps avant de me l'octroyer ?

Il m'arrive de penser que j'ai consacré trop d'années de ma vie au monde marchand. Heureusement, en parallèle, je n'ai jamais cessé d'écrire, d'entraîner mes neurones à penser à autre chose qu'à l'optimisation d'un centre de profits. Certes j'ai créé nombre d'emplois, modestement contribué à la croissance de l'économie et assuré ma sécurité financière et celle de mes proches. En même temps, je ne peux pas m'empêcher de trouver tout ça un peu trivial.

J'ai le sentiment, mais sans amertume, de ne pas avoir assez réfléchi ni assez lu sur des thèmes d'intérêt général, pas assez philosophé. C'est paradoxal pour quelqu'un qui a pondu une quinzaine d'ouvrages sur le fonctionnement de la société, ou des réflexions sur la vie. J'étais probablement trop intellectuel pour me contenter de faire fonctionner des entreprises, mais pas assez pour devenir un penseur établi.

La presse était un bon compromis. Peut-être n'aurais-je pas su gagner ma vie ni assurer ma liberté financière par d'autres moyens. Je ne regrette rien, d'autant que j'ai pris plaisir à travailler avec les gens sympathiques que j'avais choisis comme équipiers. Sans échapper toutefois à ce sentiment d'être resté à la surface des vraies questions de l'existence et de ne pas avoir assez contribué à améliorer l'époque où j'ai vécu. Certains estiment que j'ai réussi. Je pense plutôt que je ne me suis à peu près débrouillé, avec les moyens limités qui étaient les miens.

Si j'ai pu passer ma vie professionnelle dans un monde régi par les normes et valeurs du business, c'est que j'étais le patron. J'ai été quelques années en position subordonnée, mais c'était en travaillant pour mon père, puis mon frère – il fallait bien que j'apprenne le métier. Dès que je l'ai pu, à vingt-neuf ans, j'ai décidé de voler de mes propres ailes. Depuis je n'ai jamais imaginé d'être employé par d'autres.

En voulant n'être qu'entrepreneur, j'ai pris des risques, mais au moins ai-je joué le jeu. J'ai créé des journaux quand j'en avais envie. J'ai connu des échecs à côté de mes réussites, je n'ai jamais été sûr de m'en sortir par le haut. J'ai été aidé par la chance.

J'ai pu observer que les patrons ou hauts cadres, sortis de leurs préoccupations d'acteurs économiques, avec une focalisation sur le court terme et la politique, avaient rarement des conversations d'intérêt général, encore moins philosophiques. Les journalistes avec lesquels j'ai travaillé étaient heureusement plus nourrissants. Ils enquêtaient, réfléchissaient, formulaient leurs constatations et leurs idées. Sans mes échanges quotidiens avec eux, je me serais bien ennuyé dans mon bureau directorial.

Pendant ces quarante dernières années, le centre de gravité de l'économie est passé du business entrepreneurial à la finance mondialisée. Désormais, un chef d'entreprise de taille moyenne se retrouve dans la position d'un exploitant agricole en face de Danone. Changement radical de taille et de valeurs. Fabriquer des produits ou fournir des services est devenu secondaire par rapport à la pure recherche du profit.

Pas plus que la science, la finance ne fait de sentiment, elle est immatérielle et toute-puissante, elle n'est nulle part et partout. C'est une révolution silencieuse, qui contribue au sentiment croissant de déshumanisation actuel. Il ne s'agit plus seulement d'un changement d'échelle, de passer du local au national et de ce dernier au mondial. Ce sont les valeurs morales qui sous-tendent nos sociétés qui en sont bouleversées.

La valeur argent, insidieusement, a pris le dessus sur toutes les autres dans le système libéral fondé sur la création de richesses et la consommation. C'est elle qui inspire, aux deux extrêmes, les jeunes dealers des quartiers et les banquiers internationaux. Certains de ces derniers semblent convaincus du caractère quasi sacré de leur fonction. « Je ne suis qu'un banquier faisant le travail de Dieu », phrase révélatrice et grotesque d'un des financiers les plus capés de Wall Street, Lloyd Blankfein, alors patron de Goldman Sachs, la banque des banques.

Ce nouveau culte du veau d'or, dans son ampleur mondiale, est advenu en quelque sorte par défaut. Que nous est-il proposé d'autre, aujourd'hui, pour nous élever, nous relier, donner plus de sens à nos existences ? Les religions n'inspirent plus que de rares pratiquants et les droits humains sont bafoués tout autour du monde, sans que nos démocraties, soucieuses de vendre leurs productions, réagissent autrement que par de vagues remontrances. Aussi désolant que ça puisse sembler, la seule valeur universelle, quels que soient les régimes et les continents, se chiffre en unités monétaires. Et l'immense majorité d'entre nous finit par trouver ça normal.

Au cours de ma vie, j'ai vu l'avènement d'une civilisation mondiale, concrétisée en ce siècle par la connexion possible de chaque humain à tous les autres. Une prouesse stupéfiante, inimaginable pour le Quadra que je fus, il n'y a pas si longtemps. Nous voici tous connectés, mais pour nous dire quoi ? Pour le citoyen ordinaire, le principal usage qu'il en fait est ludique. *Panem et circenses*, disaient les Romains. Un peuple nourri et diverti ne se révolte pas. Dans nos pays privilégiés, on gâche la nourriture et nos smartphones sont des sources illimitées de jeux.

Il est possible que l'on puisse, collectivement, vivre ainsi et compléter, chacun pour soi, ce quotidien matérialiste par des relations affectives et des recherches spirituelles. Ce n'est déjà pas si mal, si l'on se souvient des souffrances, précarités et conflits qu'ont traversés nos prédécesseurs. D'autant que ce mode de vie nous est envié par l'immense majorité de nos contemporains qui sont loin d'y avoir accès.

Si je fais un rêve optimiste, que j'imagine le monde dans cent ans (je sais désormais combien quatre-vingts ans passent vite), je le vois peuplé d'une gigantesque classe moyenne. Elle sera nourrie, logée et bénéficiera des prodiges de l'intelligence artificielle, qui anticipera ses désirs et lui proposera tout au meilleur prix. Au milieu du siècle dernier le dramaturge américain Henry Miller, observant son propre pays, avait trouvé ce titre génial : *Le Cauchemar climatisé*. Mais peut-être aussi les lignes que je viens d'écrire ne font-elles que refléter mes valeurs élitistes vieillissantes. Peut-être suis-je incapable de croire que mes descendants puissent vivre dans une prospérité sans transcendance, mais pléthorique en divertissements pascaliens.

Je reconnais avoir du mal à imaginer comment une société sous emprise techno-financière peut aussi contribuer à propager des valeurs humanistes et un minimum de dimension spirituelle. Mon optimisme m'incline en même temps à penser que nos successeurs, eux, inventeront un monde plus solidaire, dont la technologie permettra de propager les idéaux dans chaque foyer, tout autour de la Terre. Ce n'est pas une boutade, j'ai cette confiance dans notre espèce et son inventivité. Et j'aime l'idée que certains de mes lecteurs me trouvent bien naïf. Ça me rajeunit.

L'establishment

1978
LE QUADRA

« Qui donc a décidé de m'accepter et me l'a fait savoir ? Tout simplement les secrétaires. »

Je n'ai compris le fonctionnement de l'establishment que depuis que j'en fais partie. Il y a quatre ou cinq ans, mon admission n'a donné lieu ni à un banquet, comme chez les Tastevin, ni à une accolade, comme pour la Légion d'honneur, ni à un diplôme, comme à Harvard, ni à une initiation, comme au Grand-Orient. Il n'y a pas eu non plus de communiqué à la presse.

Qui donc a décidé de m'accepter et me l'a fait savoir ? Tout simplement les secrétaires. Leur principale fonction est d'établir un barrage étanche entre les membres de l'establishment et le vulgum pecus. Plus snobs que leurs patrons, elles décident souverainement si vous faites partie ou non de ceux qu'il faut décourager : « Je ne sais pas s'il pourra vous rappeler » ; mettre en délibéré : « Je lui signalerai votre appel » ; ou admettre : « Jusqu'à quelle heure peut-il vous joindre ? » – car pour soutenir sa réputation de débordé, un membre de l'establishment vous prend rarement au téléphone au premier appel, même si à ce moment-là il lit le journal, les pieds sur son bureau.

Faire partie de l'establishment se définit donc essentiellement par le fait d'avoir un accès à ses membres. Qu'est-ce que ce mot ? N'a-t-il pas d'équivalent français ? Je n'en connais pas plus pour « establishment » que pour « week-end ». Même le *Larousse* l'admet sous la définition suivante : « Groupe de personnes socialement dominant qui impose ses lois dans différents domaines. » C'est évidemment un peu vague, mais le phénomène, pour être aussi ancien que la société des hommes, est encore, dans sa forme moderne, mal connu.

Chaque société sécrète son premier cercle. Celui de la noblesse, sous l'Ancien Régime, était rigide (héréditaire) et déterminé par un individu, le roi. La haute bourgeoisie, sous la IIIe République, offrait plus de souplesse, puisqu'il suffisait, pour y entrer, d'avoir accumulé argent et éducation en deux générations (la première pour l'argent, la seconde pour les diplômes). On pouvait ensuite y demeurer tant que le patrimoine n'avait pas fondu.

L'establishment d'aujourd'hui est le produit d'une société plus changeante. L'argent ne suffit pas pour en faire partie. Souvent, il n'est même pas nécessaire. En revanche, s'y maintenir n'est pas facile, car les deux conditions nécessaires d'appartenance sont des plus volatiles : la renommée et le pouvoir. La quantité de chacun de ces deux composants n'a pas besoin d'être considérable.

Ainsi, je ne dispose personnellement que d'une renommée discrète et d'un pouvoir modeste. Mais c'est assez pour qu'un autre membre de l'establishment connaisse mon nom et ma figure et se dise qu'il aura peut-être un jour quelque chose à me demander.

La seule renommée ne permet pas de pénétrer dans le groupe dominant. Tout au plus permet-elle d'accéder à ses salons. Un romancier, un coureur cycliste, un chanteur peuvent atteindre une célébrité qui dépasse largement celle d'un politicien. Mais ils n'ont aucun pouvoir. En revanche, le présentateur du journal télévisé entre dans l'establishment dans la semaine où il prend ses fonctions, puisqu'il est instantanément connu dans tout le pays et qu'il influence le choix des informations qui passeront à l'antenne.

L'argent, comme en bien d'autres domaines, facilite les choses, mais ne suffit pas. La plupart des riches restent anonymes. Le plus souvent volontairement, par crainte d'attirer la foudre et le fisc. Certains, détenteurs d'immeubles, de terres ou d'actions, se contentent de leur pouvoir... d'achat. Leur mode de vie les classe d'emblée dans la haute bourgeoisie traditionnelle sans qu'ils appartiennent pour autant au groupe dirigeant.

Dans l'establishment, entrées et sorties sont fréquentes. Car, à la différence des castes dirigeantes du passé, le fait d'appartenir à celle qui domine aujourd'hui est, le plus souvent, provisoire. Un ministre en activité fait automatiquement partie de l'establishment, même s'il a du mal à attirer l'attention des journalistes. Mais le lendemain d'un remaniement, une poignée de secrétaires d'État besogneux retombe durablement dans les oubliettes. En même temps qu'on leur retire leur pouvoir, on les prive de leur fugace renommée.

C'est qu'on n'a pas de temps à perdre dans l'establishment. Ceux qui animent une société complexe en plein développement ne peuvent pas se permettre de musarder. Les bavards sont vite écartés. Les rapports humains se limitent au fonctionnel. Quiconque perd son utilité sera évacué, par simple oubli.

Contrairement à ce que pourrait croire un public endoctriné, l'establishment n'est pas une mafia. Le comportement spontané de ses membres est beaucoup plus de se jalouser, se critiquer et se combattre que de se serrer les coudes. Bien entendu, le copinage existe. Entre amis ou complices. Mais la plupart du temps, une faveur obtenue d'un autre membre de l'establishment implique une réciprocité. À tel point qu'il m'est souvent arrivé de renoncer à demander un service à quelqu'un dont je savais qu'il n'attendait que cela pour me présenter à son tour quelque requête. Faire partie de l'establishment ne vous garantit pas d'être écouté, mais, et c'est déjà beaucoup, d'être entendu ou lu.

Les chances de succès de la démarche dépendent en grande partie de la brièveté du message. Le téléspectateur moyen tartine volontiers des lettres de six pages. Dans l'establishment, tout ce qui dépasse un demi-feuillet passe pour verbeux. Rien ne flatte mieux un puissant que de lui montrer que l'on considère son temps comme précieux ; ses dispositions n'en seront que meilleures. L'idéal est de lui épargner tout effort, tout en s'assurant son appui.

Prenons un cas banal. Vous voulez faire activer le dossier d'un prêt pour une de vos filiales. Vous n'allez quand même pas expliquer toute votre histoire au président de la BNP, il s'impatienterait. Commencez donc par faire appeler sa secrétaire par la vôtre, pour fixer un rendez-vous téléphonique entre vous et lui : « Il en a pour cinq minutes, mais il veut être sûr de ne pas le déranger. » Lorsque vous aurez le potentat à l'appareil, dites-lui : « J'ai un conseil (c'est beaucoup mieux qu'un service) à vous demander : un de mes directeurs a un petit (toujours petit) problème de crédit chez vous. À qui, dans votre staff, puis-je m'adresser de votre part pour régler cette question ? » L'autre sautera sur l'aubaine. Votre façon de présenter le problème lui permet en effet de s'en débarrasser tout de suite. Il vous lâchera le nom de celui à qui vous pourrez dire sur-le-champ : « Je viens de parler à votre président de ce prêt. Il m'a dit que vous étiez plus compétent que lui dans ce domaine (?) et préfère que nous réglions cette affaire ensemble. » Résultat, vous aurez usé un minimum de votre crédit auprès du président de la banque, puisque vous ne l'aurez dérangé qu'un bref instant, pour un minuscule conseil. Et vous aurez probablement débloqué votre affaire.

S'il a ses coquetteries, l'establishment n'est plus tellement mondain. Le dîner, grand-messe bourgeoise, se traîne un peu. Le but de ces dîners n'est même pas de se connaître (sinon on s'en tiendrait au tête-à-tête), mais de s'être vus ; ce qui permettra, dans les six mois qui suivent, de se donner du « cher ami » au téléphone.

Reste l'inévitable déjeuner, dont la fixation et le déroulement obéissent dans ce milieu à quelques règles spécifiques. À nouveau, les secrétaires entrent en action. Vous demandez à la vôtre de proposer à celle de votre futur invité trois dates (si vous voulez être courtois, car une seule date reviendrait à une convocation) pour dans un mois (offrir des jours plus rapprochés ferait croire qu'on ne s'arrache pas vos déjeuners). Le lendemain, l'autre secrétaire rappelle en disant que, malheureusement, son patron n'a rien de libre avant deux mois – il veut vous prouver qu'il est encore plus occupé que vous. Pour continuer cette forme de bataille navale, vous faites répondre que, malheureusement, dans deux mois vous serez au Brésil – ce qui marquera d'un coup votre rayon d'action. À ce stade, l'un de vous deux décide de trancher le nœud gordien et, son carnet à la main, appelle lui-même son éventuel convive. Généralement, vous trouverez sans peine une date sous huitaine : « J'ai quelque chose jeudi mais, pour vous, je peux l'annuler. »

J'ai encore à apprendre sur la classe dirigeante d'aujourd'hui, mais je constate déjà que sa préoccupation centrale est restée la même depuis Athènes, Venise et Versailles : qui va prendre la tête de telle organisation ou du pays ? Le deviner et en tirer des conclusions utiles fournit le thème d'inlassables discussions. L'origine des membres de l'establishment peut changer, leur durée, en fonction, se restreindre, le régime politique se transformer, leurs petites manies évoluer, mais le seul jeu qui les intéresse restera immuable : la loterie du pouvoir.

2018
L'OCTO

« Me voici donc émérite ou honoraire dans des fonctions dont j'ai été si longtemps titulaire, la définition courtoise du has been. »

Establishment : quarante ans plus tard, le vocable lui-même sent la naphtaline. Qu'importe le nom ! Partout et toujours les humains ont établi un cercle du pouvoir et de l'influence, qui donne envie de faire partie des « happy few ». Quand on y est né, c'est facile, mais ce n'est qu'une plate-forme de départ, le minimum est de s'y maintenir dans une société liquide.

Pendant mes trente dernières années, mon meilleur observatoire de l'establishment était le dîner du Siècle. Le troisième mercredi du mois, j'arrivais autour de vingt heures trente, place de la Concorde, à l'Automobile Club, qui l'hébergeait alors (depuis ils ont migré au Cercle de l'union interallié, à cinq cents mètres de là).

En 1944, un journaliste d'influence (il ne publiait que des lettres confidentielles), Georges Bérard-Quélin, stature de bouddha, dont on disait qu'il avait la meilleure « capacité téléphonique » de Paris, eut l'idée de réunir dix fois par an les hommes de pouvoir du pays. Les femmes n'y ont été graduellement admises que quarante ans plus tard, après l'élection de François Mitterrand. Hauts fonctionnaires, chefs d'entreprise, politiciens de la gauche et de la droite de gouvernement, journalistes, une pincée d'universitaires et d'artistes, bref, l'élite du moment.

Son fonctionnement exprime la quintessence de l'establishment à la française. On ne fait pas acte de candidature, il faut être présenté, par des membres en activité, à un comité qui vote sur votre admission. Pas de cotisation, l'argent n'y est pas particulièrement bien vu. On paie seulement pour son dîner, au prix d'un des bons restaurants parisiens (on y mange moins bien, mais on n'est pas là pour ça). On n'en sort que si l'on perd durablement tout pouvoir dans le système dirigeant, ou frappé par la limite d'âge de soixante-quinze ans, ce qui fut mon cas. C'est très sélect, puisque au bout de trois quarts de siècle d'existence ses membres restent moins d'un millier, dont en moyenne une moitié est présente au dîner.

En arrivant, on fait la queue devant la table d'admission, où l'on vous remet votre numéro de table avec les noms des convives et une épaisse liste de tous les présents ce soir-là : leur résumé de carrière et, le plus précieux, les coordonnées pour se joindre. Simple et pratique. Je consultais rapidement les informations sur ceux de ma table que je ne connaissais pas encore. Puis j'abordais le moment le plus utile de la soirée, l'apéritif où l'on peut bavarder de l'un à l'autre. Généralement j'arrivais avec en tête les noms de ceux à qui j'avais quelque chose à dire. Ou bien c'était l'occasion de rencontres fortuites avec d'autres avec qui je n'avais pas parlé depuis longtemps. Du temps de Françoise Giroud on fréquentait le Tout-Paris. Le Siècle c'est le tout-pouvoir : comme un buffet des puissants, que l'on n'a même pas eu besoin d'inviter pour les rencontrer. Le club d'une minuscule classe dirigeante, d'une technocratie à cooptation plutôt démocratique.

Ensuite on passait à table et il m'arrivait de m'y ennuyer. Souvent j'étais l'un des seuls à ne pas avoir fait l'ENA. Ce qui ne fait que confirmer que le creuset des princes qui nous gouvernent est un mandarinat. La conversation portait inévitablement sur l'actualité du jour et comme il y avait presque toujours des membres de la majorité au pouvoir, quelle qu'elle soit, on ne parlait que politique ou business. Une sorte de café du commerce entre gens avertis, où j'ai rarement appris beaucoup plus que par une lecture attentive du *Monde* de l'après-midi. En reprenant ma petite voiture, au milieu des limousines avec chauffeur, je me disais que j'avais été parqué un moment dans le même corral que les gros animaux du pouvoir. Qu'ils étaient courtois, mais pas fun, et que je m'y sentais davantage observateur que membre actif. Bref, que j'étais journaliste.

Mais le Siècle n'est pas l'ultime cercle du pouvoir, celui des plus riches ni des plus puissants. Pour deux raisons : les stars de cette hyperélite n'ont pas besoin de se mêler aux autres pour avoir accès à qui elles veulent, sur un simple appel ; mais surtout peut-être parce qu'elles ont plutôt envie de se protéger des rencontres imprévues. Du fait de leur renommée ou de leurs moyens d'action, elles s'attendent à ce qu'on les sollicite ou les interpelle et elles fuient ça comme la peste. Au Siècle, nous étions tous millionnaires en relations, mais les milliardaires restent entre eux et n'ont pas besoin de se mêler à ceux qui pour eux constituent déjà presque une foule.

Par nature, l'establishment est une sécrétion d'une société en transformation rapide. Faire partie de cette élite implique qu'on devra en sortir un jour ou l'autre. J'en ai vu des déclassements au sein du groupe convoité ! Les plus brutaux sont les défaites électorales et les destitutions de grands managers par leurs actionnaires. On s'en relève (pas toujours), mais le choc vous assomme pour un bon moment. Car les élus finissent par imaginer que leurs électeurs les aiment bien, comme les hauts dirigeants d'entreprise oublient que le seul moyen d'être indéboulonnable est d'être actionnaire majoritaire.

À l'observation de ce champ de bataille, je me suis forgé un principe de sauvegarde : pour éviter de tomber de haut, mieux vaut être un petit patron qu'un grand manager. Tout faire pour conserver le contrôle dans les entreprises qu'on dirige est plus facile à énoncer qu'à réaliser. Pour développer son affaire, les seuls bénéfices qu'elle réalise sont rarement suffisants ; force est de faire entrer des actionnaires, qui un jour ou l'autre, dans un moment difficile, vous demanderont des comptes et peuvent se liguer contre vous. En 1992, au Groupe Expansion, j'ai pris cette leçon de plein fouet pour avoir omis de suivre l'avis d'un grand banquier et ami, membre de mon conseil d'administration : « Si tu veux rester chez toi, Jean-Louis, faut pas grandir. »

« Mentalité de boutiquier », ai-je pensé et j'ai poursuivi des acquisitions jusqu'à ce que l'endettement me rende vulnérable au moindre retournement de conjoncture. Lequel n'a pas manqué de se produire un jour. Pour jouer à ce jeu, qui assure les grands succès d'affaires et la croissance du PIB, il me manquait une virtuosité financière, dont sont doués les grands prédateurs d'entreprise. Ma naïveté fut de croire qu'il suffit qu'un produit soit de qualité pour que le succès vienne. Qualité indispensable, mais pas suffisante.

Outre les accidents de carrière violents, la sortie de l'establishment est forcément programmée et même datée. Elle advient entre soixante-cinq et soixante-quinze ans et dépend des statuts de l'entreprise ou du règlement de l'organisation dont on fait partie. Si l'on reste en bonne santé, le jour de la retraite arrive toujours trop tôt, mais il est inéluctable.

Titulaire de ma carte de presse depuis plus de cinquante ans, j'ai donc reçu dès mon soixante-quinzième anniversaire une lettre aimable de ma fédération m'annonçant qu'eu égard à mon âge, on m'en octroyait une nouvelle de journaliste honoraire. Petit choc de rappel au réel, puis prise de conscience que ça ne changeait pas grand-chose en pratique, puisque avec cette carte senior je pouvais quand même entrer dans les musées gratuitement. Formidable !

Me voici donc émérite ou honoraire dans des fonctions dont j'ai été si longtemps titulaire, la définition courtoise du has been. Ça me permet, si l'envie m'en prend, de me faire une carte de visite pour afficher mon passé. Mon présent n'étant plus qu'une affaire entre mes tout proches et moi. Heureusement on se sert de moins en moins de cartes de visite, puisqu'on échange ses coordonnées d'iPhone à Samsung.

Vient le jour où l'on se retrouve sans équipe, sans collaborateurs, sans même de bureau. « Ce que j'ai le plus regretté, soupire un ancien hyper-patron, c'est l'avion d'entreprise. » Pour les moins haut gradés la simple privation de la voiture de fonction peut se compenser avec Uber, mais les fait d'un coup rentrer dans le rang. Car avec le temps on est voué à redevenir un quidam, un anonyme et à faire la queue comme tout le monde.

Indispensable apprentissage de la modestie : se rappeler que l'on n'est qu'un huit milliardième de notre espèce, dont tous les autres se passeront sans dommage. D'autant que le réel est très concret : je ne suis plus aussi énergique, imaginatif, puissant, infatigable et en plus l'indispensable mémoire se permet de plus en plus d'hésitations. Tous inconvénients de l'âge qui constitueraient un handicap si je devais continuer sur ma lancée antérieure. Mais par chance, désormais en retrait, au calme, je suis libre de choisir mes plaisirs et de profiter à mon rythme des joies simples d'exister.

Autres pratiques salutaires : devenir très gentil, convivial, souriant, empathique, prévenant, serviable, drôle et reconnaissant. Car, dépouillé d'éminence sociale, il est crucial de faire ce qu'il faut pour que les autres vous trouvent de bonne compagnie. Je réalise que, jusqu'au bout, il faudra faire ses preuves, au minimum en humanité. L'avantage est que ça ne dépend plus de ma place dans un des innombrables systèmes de ce monde complexe, mais seulement de moi. Ce n'est pas le moment de se laisser aller.

La distanciation

1978
LE QUADRA

« Ma motivation, c'est l'envie de vivre, faite de curiosités, de désirs, de projets, de fantasmes, de sensations, de besoins. »

Entre vingt et quarante ans, j'ai fait ma révolution copernicienne. Avant je tournais autour du monde, maintenant il tourne autour de moi. Ce n'est pas que je me prenne pour le Soleil (en tout cas, pas encore), mais le centre de mon système de valeurs s'est déplacé. Quand j'étais plus jeune, je m'efforçais de faire « ce qu'il faut ». Ce n'est qu'après avoir commencé à mieux connaître la vie que j'ai pu me concentrer sur ce qui me convient.

Pendant l'adolescence, on contemple longuement la devanture de la société. Le jour où l'on passe, enfin, la porte du magasin, c'est avec des priorités que l'on croit personnelles. Sexe ? Amitié ? Métier ? Argent ? Ces objectifs sont directement fonction des modèles disposés en vitrine par les parents, les éducateurs, les copains et les médias. Entre vingt et trente ans, s'accomplir c'est s'offrir certains des produits standards qu'on vous a vantés (la moto, le diplôme, le mariage, les sports d'hiver, le job...). Chaque fois que l'on se procure l'un des articles en rayon, on s'intègre un peu mieux dans une société fort intimidante. Passé trente ans, sauf accident de parcours, on s'y sent un peu plus à l'aise, à peu près admis. Le besoin d'accumulation des signes extérieurs d'existence sociale perd un peu de son acuité ; d'autant que certains nous ont apporté des déboires en même temps que des satisfactions. Des figures imposées, on va pouvoir passer aux figures libres.

Ce moment a coïncidé pour moi avec la révélation que je n'aurais qu'une vie, que c'est moi seul qui la traverserais, et que je risquerais de la gâcher si je persistais à me définir selon des critères préfabriqués. La question centrale est alors devenue : « Qu'est-ce que j'aime vraiment ? » en attendant d'en affronter une bien plus complexe : « Qu'est-ce que je fais de ma vie ? »

Côté psychisme, je dois appartenir à la masse des normaux-névrosés. Qui n'a pas ses blocages ? Les miens ne sont pas handicapants : la peur des grosses araignées, une difficulté à taper sur le ventre de mes semblables, un certain dégoût pour les aliments gluants et une regrettable inaptitude au farniente. En somme, une pathologie trop modérée pour justifier une psychothérapie. Je me suis contenté d'une auto-introspection à temps partiel pour mieux connaître comment fonctionnait le seul être humain que je pouvais prétendre connaître. J'ai ainsi pu constater que, comme n'importe quel chauffe-eau, j'étais équipé d'un thermostat que, pour faire moderne, j'appellerai la distanciation. Elle me permet de m'intéresser à tout en essayant de ne m'identifier à rien, ou presque.

Ma motivation, c'est l'envie de vivre, faite de curiosités, de désirs, de projets, de fantasmes, de sensations, de besoins. Il m'en faut une dose minimale pour passer chaque journée. Mais comme à toute bosse correspond un creux, chaque source possible de satisfaction me rend en même temps vulnérable à des désagréments. Ceux qui s'identifient à une équipe de football exultent quand elle triomphe mais s'affligent quand elle est battue. Moi qui ne m'intéresse pas trop aux ballons, je ne profite pas de leur joie, mais je ne souffre pas de leurs déceptions. Si je m'identifiais à mes enfants (comme le font certaines mères, frustrées d'autres débouchés), leur seule présence me serait source de félicité et leurs succès d'immenses fiertés. Mais le jour où, naturellement, ils quitteront le foyer, je me serais ainsi soigneusement préparé un passage à vide. Je me suis donc toujours efforcé de les considérer comme de délicieux hôtes de passage avec lesquels j'espère entretenir, toujours, une tendre amitié. Ils sont au cœur de ma vie, mais ils n'en sont pas le centre. Leur envol ne devrait pas remettre en cause mes raisons de vivre.

S'identifier est presque pour nous un automatisme. Quand, au cinéma, l'intrigue se tend, je me retrouve penché en avant, poings serrés, souffle retenu. Or il ne s'agit que du défilement électronique d'événements simulés. Qu'importe, car si je vais au cinéma c'est bien pour « marcher », pour m'identifier aux acteurs et en ressentir les effets. Si ceux-ci se révèlent un peu désagréables, j'ai la faculté de me distancier en me rappelant : « C'est du cinéma. » Dans la vraie vie, c'est moins facile. Les événements m'arrivent réellement et je ne peux évidemment pas, d'une seule pensée, les faire disparaître. La distanciation me permet toutefois de minimiser leur impact. Avec un peu d'entraînement, on peut se distancier à la demande.

De même que le corps se fait souple et détendu dans l'attente d'une sensation agréable, ou dur et concentré en prévision d'un choc, j'ai appris à manipuler mes dispositions psychologiques en fonction des situations. Développer cette capacité demande quelques années d'entraînement et l'expérience, répétée, que malgré la gravité des événements, la vie continue.

Quand j'ai commencé à exercer des responsabilités – autour de vingt-cinq ans –, un souci professionnel, même mineur, me suivait jusque dans mon lit. Je m'en laissais suffisamment imprégner pour qu'il influence mes rêves ou me réveille. En bref, je ne savais pas comment, le soir, dans ma tête aussi, couper le courant. Aujourd'hui je sais que rares sont les inquiétants problèmes du soir dont la solution n'apparaisse pas plus simple dans le renouveau matinal. Avant de me coucher, je dépose donc mes soucis en même temps que je vide mes poches, et jusqu'ici, je n'ai pas eu besoin, comme certains, de faciliter cette distanciation par un verre de whisky vespéral.

Mais le principal problème de distanciation des hommes se pose à l'égard de leur métier, car on explique aux garçons que c'est dans leur profession qu'ils doivent trouver leur dimension d'homme. Ils se lancent dans un métier après vingt ans avec la conviction que pour prouver au monde et à soi-même qu'ils existent, il faut décrocher un titre de directeur financier ou, avant trente ans, un salaire rondelet. Au bout d'une dizaine d'années de cette polarisation, le mal est fait, l'individu a accepté de réduire la définition de soi à une fonction professionnelle. Comme il est probable qu'absorbé par son escalade de l'organigramme, il n'aura pas vu grandir ses enfants ni épanoui ses relations avec sa femme, à quoi d'autre pourrait-il se raccrocher ? Funeste dépendance que de tirer l'essentiel de sa sève d'un organisme anonyme, entreprise ou administration. Lequel peut vous rejeter à tout moment (et le fera certainement à soixante-cinq ans), et ne se préoccupe nullement de savoir si, pour le servir, vous avez restreint vos intérêts, renoncé à vos talents et atrophié votre sensibilité.

On m'objectera que dans notre système, il faut pour atteindre les sommets savoir s'engouffrer complètement sur une seule voie. Pour décrocher une médaille olympique, on ne doit penser qu'à elle et subir un entraînement qui n'a plus rien à voir avec les joies du sport. On ne devient pas président de la République en faisant de la politique de week-end, ni professeur de médecine sans un effort acharné de vingt ans.

C'est bien pourquoi ces modèles de comportement largement popularisés par les médias devraient être considérés comme atypiques et dangereux. Sur la route des sommets, le déchet est considérable. Pour un qui s'y hisse, cent ou mille autres se seront défoncés en vain et y auront compromis leur équilibre de vie. Quant à ceux qui parviennent à leurs fins, peu ont encore figure humaine. Quand on approche un grand dirigeant, on est surpris de le trouver quelquefois sympathique, tant nous admettons implicitement qu'il faut être un peu paranoïde (égoïste, orgueilleux, méfiant) pour en arriver là. J'ai rencontré des PDG éminents qui parlaient d'eux-mêmes à la troisième personne. En les écoutant, j'essayais d'imaginer comment ils se réadapteraient à la normalité lorsque le couperet de la retraite les aurait, du jour au lendemain, privés de leur cour de subordonnés et de leur voiture avec chauffeur. Je m'inquiétais aussi de savoir si, un jour, je risquais de leur ressembler.

Tout bien réfléchi, je ne crois pas que ma capacité de distanciation puisse tant se scléroser que je me prenne tout à fait au sérieux. J'aime l'humour ; ma seule collection est celle de cartoons anglo-saxons que je choisis adaptés aux situations et aux humeurs de ma propre vie. L'humour est mon hygiène contre l'absurde. N'ayant pas les moyens, comme les rois, d'entretenir un fou (dont la fonction était, au péril de sa vie, d'empêcher le souverain de se prendre complètement pour un roi), j'essaie d'être le fou de moi-même. Cela fait partie de l'exercice de la distanciation.

Avec toutefois, dans ma vie, deux limites : l'action et l'amour. Si l'on veut accomplir, construire, réaliser quoi que ce soit, il ne faut pas abuser de la distanciation qui, à haute dose, rend sceptique, blasé, désabusé. Si tout peut être minimisé, pourquoi faire quoi que ce soit ? Toute création, même secondaire, n'a de chances d'aboutir que si l'on y applique une pincée d'enthousiasme. Pour agir, il faut y croire. Aux commandes d'un avion, il n'est guère recommandé de se distancier pendant les atterrissages. Enfin, l'amour est la seule passion à laquelle je me suis interdit d'appliquer la moindre distanciation. Quand on a choisi de faire d'un amour la première de ses raisons de vivre, on doit accepter, de ce côté-là du moins, une délicieuse vulnérabilité : à ce que dit ou fait l'autre, à son comportement, aux risques auxquels il est soumis, à sa disparition possible. Le seul moyen de se distancier par rapport à l'amour serait d'aimer moins. Qu'aurais-je en échange ? Moins envie de vivre.

2018
L'OCTO

« Mieux vaut reconnaître d'emblée qu'une vie ne peut être qu'une symphonie inachevée. »

Voilà bien un domaine où le passage des années transforme le regard. Pour le Quadra, la distanciation était une gestion psychologique de ses attitudes, réactions et attachements. L'Octo, entraîné à l'exercice, continue à y avoir recours, instinctivement. Mais il est devenu lourd de ses expériences et de ses souvenirs, puisque l'essentiel de son temps s'est écoulé.

Peut-on se distancier par rapport à son passé, accompli, immuable et avec lequel il faudra vivre jusqu'à la fin ? Tout passé n'est-il pas piégeux ? Les meilleurs souvenirs favorisent la nostalgie, les mauvais inspirent regrets et remords, et pas moyen d'effacer cette ardoise-là. Un basculement s'est produit, du « Que dois-je faire de ma vie ? » au « Qu'ai-je fait de ma vie ? », un rendez-vous risqué. Personne jamais n'a pu se dire qu'il avait réalisé tout ce qu'il avait voulu, tout ce qu'il avait rêvé. La vie est trop courte pour ça. Mieux vaut reconnaître d'emblée qu'une vie ne peut être qu'une symphonie inachevée.

Comme tout un chacun, je ne vis qu'au présent. Mon passé, quand je n'y pense pas, n'existe pas, c'est moi qui l'actualise au gré des images, des paroles qui me reviennent à l'esprit. Il a une certaine plasticité : je peux n'en retenir que ce qui m'arrange, je peux me donner le beau rôle ou battre ma coulpe. Ça ne changera rien aux faits, mais Sénèque n'a-t-il pas dit que ce ne sont pas ces derniers qui nous font souffrir, seulement ce que nous en pensons ?

Les faits sont derrière moi, mais lorsque je me les remémore, c'est toujours dans l'instant présent. La distanciation m'est alors plus que jamais nécessaire, pour ne pas me faire un procès stérile ou pour me raconter une jolie histoire. Je sais bien qu'il m'arrive de l'enjoliver un peu, pour mon plaisir ou ma sérénité. Ça ne fait de tort à personne.

Pour l'Octo, l'essentiel de la distanciation découle du simple fait que les années ont creusé un fossé entre ce qui fut et ce qu'il en ressent aujourd'hui. Des rencontres de rêve se sont révélées décevantes, des drames ont tourné à mon avantage. Je l'ai régulièrement constaté dans mes ruptures professionnelles. Sur le moment je les vivais comme un échec, plus tard j'ai réalisé qu'elles avaient été providentielles.

C'est parce que j'ai dû quitter *Les Échos*, suite à une rupture familiale, que j'ai eu envie, plus tard, de créer *L'Expansion* et devenir entrepreneur. Si j'étais resté dans le journal créé par mon père, je n'aurais été qu'un héritier. Une impasse financière, vingt-cinq ans plus tard, m'a obligé à céder le Groupe Expansion dans de mauvaises conditions. Mon ego a été groggy pendant tout un été. Mais cette brisure m'a libéré, pour faire, plus tard, de *Psychologies* un succès, qui, en passant, m'a assuré la tranquillité matérielle de mes vieux jours.

Les sages taoïstes nous ont appris à nous garder de porter un jugement rapide sur ce qui se produit, puisqu'il est impossible alors d'en prévoir toutes les conséquences. Seule la distanciation temporelle révèle après coup la vraie portée d'un contretemps, comme d'une aubaine. Il n'est pas rare qu'avec les années, nos jugements s'inversent.

C'est souvent le cas en matière historique. Les hommes d'État ne sont-ils pas ceux qui savent prendre de la distance par rapport à l'événement en imaginant un autre futur, une distanciation d'avenir? Churchill et de Gaulle nous en ont offert le plus glorieux exemple en juin 40. S'ils s'étaient alors laissé anéantir par l'adversité, le destin de chacun de nous eût été tout autre. Pour sauter l'obstacle, le cavalier doit se distancier du sol.

On est porté à croire qu'une fois passés, les choses et les faits sont figés pour de bon. Mais pas la représentation que je m'en fais. Cette distanciation que permet le passage du temps peut me permettre de me réconcilier avec moi-même, comme de m'en vouloir a posteriori d'une parole ou d'un acte. Quand vient le moment des bilans de notre vie, nous nous en reconstruisons le récit intérieur. Un exercice doux ou amer, selon l'humeur du moment où nous nous y risquons.

Naguère, j'essayais de maintenir un équilibre entre l'identification (qui me donnait par exemple l'énergie nécessaire pour mener à bien un projet ou une nouvelle relation) et la distanciation (qui modérait des enthousiasmes excessifs). Je sens maintenant que cette dernière est en train de prendre le dessus. Il devient plus difficile de m'identifier à quoi que ce soit. Au cinéma ou au théâtre, je suis moins bon public, car il m'est plus difficile de rentrer dans le jeu des acteurs ou de me laisser porter par l'intrigue si elle n'est pas formidablement ficelée. Il m'arrive plus souvent qu'avant de partir avant la fin.

Davantage instruit par l'expérience et donc plus exigeant, j'ai perdu en crédulité et en naïveté, qui n'ont jamais été mon fort. J'aimerais bien quelquefois croire à ce qu'on nous raconte à longueur de médias, mais mon sens critique reprend vite le dessus. Je sens le réel s'affirmer avec les années, au détriment de l'illusion, même la plus agréable. Je pense souvent à ce mot de Fontenelle, bel esprit du XVIIIe siècle qui vécut jusqu'à cent ans : « Je commence à voir les choses comme elles sont. Il est temps que je m'en aille. »

En réalisant que je n'arrivais pas à croire à des puissances supérieures, ni aux miracles, je me suis convaincu que le réalisme à tout crin était la position la plus juste. Certes, mais elle est rarement la plus douillette.

Pour l'Octo, la distanciation est une lame à double tranchant. Son côté bénéfique est une certaine sagesse. Ne pas s'émouvoir des tribulations qui m'entourent, je sais qu'elles vont passer et moi de même. Il m'est devenu plus facile d'adopter le point de vue de Sirius : rien ne compte vraiment par rapport à l'univers et au temps cosmique. Ma vie n'aura pas changé quoi que ce soit au monde, mais n'est-ce pas le lot commun ?

Mais alors, si rien ne vaut, pourquoi continuer ? À quelle étoile inaccessible accrocher ma charrette ? La moisson des années ne récolte-t-elle que l'insignifiance ? Mon réalisme viscéral me fait répondre pleinement OUI. Au milieu de sept milliards de semblables, on est insignifiant et on sera vite oublié. Combien de Chinois auront lu Balzac ou savent qui a été Napoléon ? Alors moi, vous pensez bien…

Pour autant il me reste à vivre. Pour en profiter j'apprends à accepter mon insignifiance, car pour moi et quelques-uns autour de moi, que je sois vivant plutôt que passé n'est pas insignifiant du tout. Mon devoir et mon plaisir se rejoignent : rester vivant dans mon corps et dans ma tête. Comme ça ne se fait pas tout seul, il y a encore de quoi m'occuper.

La forme physique

1978
LE QUADRA

« Préférer la victoire sur soi-même à une assiette de profiteroles au chocolat, n'est-ce pas gravir un échelon vers la transcendance ? »

Pour un corps d'homme, avoir quarante ans ne donne plus droit aux circonstances atténuantes. La brioche, le cheveu rare, le souffle court suffisent à vous classer parmi les repus, les mollassons, les candidats à la préretraite. Finie la considération que valait à nos grands-pères une bedaine barrée d'une chaîne de montre. Pour espérer terminer la deuxième moitié du parcours, il faudra se maintenir dans une forme quasi athlétique.

Les compagnies d'assurance-vie ne donneraient pas cher de ma peau si, à quarante ans, je continuais à fumer, boire et manger comme à vingt. Je me résigne donc petit à petit au rationnement inexorable des petits plaisirs de la vie quotidienne.

Ne plus fumer a été le plus facile. Adolescent j'avais, brièvement, apprécié les cigarettes anglaises et l'odeur mielleuse que la pipe tirait de l'Amsterdamer – d'autant plus attirante que ce tabac était alors introuvable en France. J'avais aussi, laborieusement, essayé de surmonter les nausées d'après-cigare. Mais, avant mes vingt ans, le tabac est sorti de ma vie sans efforts. Je fumais par mimétisme adolescent, jusqu'à ce que j'admette que je n'aimais pas le tabac.

À peu près à la même époque, je n'avais pas d'attirance pour l'alcool. Il m'aura fallu des années pour trouver quelque saveur à la bière, puis au vin, enfin au champagne. Quant aux boissons fortes, whisky, pastis ou cognac, je me suis fait très tôt un principe de ne pas y toucher.

Si j'ai contingenté de moitié mes plaisirs liquides, ce n'était pas par crainte de leur taux d'alcool, mais de leurs calories. Car c'est contre l'embonpoint que je livre le seul véritable combat physique de ma vie. «Mais pourquoi un régime ? m'a-t-on souvent lancé. Vous êtes mince.» Illogisme de salon : si je cessais de faire attention, je ne resterais pas svelte six mois. Je ne fais pas partie de ceux à qui, par une grâce génétique injuste, la nourriture ne «profite» pas. Ceux qui reprennent de la mousse au chocolat et n'ont pas besoin de balance dans leur salle de bains, ou bien ceux qui n'ont jamais faim et peuvent sauter un repas sans s'en apercevoir.

Quelquefois, comme chacun d'entre nous, j'ai fantasmé sur ce que je demanderais au génie de la lampe d'Aladin s'il exauçait n'importe quel désir matériel – mais un seul. Je n'ai qu'effleuré les tentations de richesses fabuleuses, je me suis attardé plus longuement sur la possession sans formalités de toutes les femmes du monde, mais ma seule envie récursive aurait été de pouvoir désormais manger autant qu'il me plairait, sans m'alourdir.

La crainte millénaire de la pénurie, incrustée dans notre instinct collectif, a poussé nos mères à nous gaver comme des oisons. Si depuis toujours je me bats contre les kilos, c'est parce qu'à ma naissance, selon l'image idéale popularisée par les affiches, ma mère me fantasmait en « bébé Cadum », épanoui et grassouillet. C'était avant que l'on observe que les rats les plus maigres vivent plus vieux, avant que l'on démontre qu'un nouveau-né trop nourri fabrique des cellules adipeuses qui en feront, pour le reste de ses jours, un candidat à l'obésité.

Enfant, je préférais les spaghettis aux épinards et les religieuses aux pommes râpées. Pas très original. Mais au lieu de lutter contre ces tendances antidiététiques, l'amour maternel, relayé par celui de ma femme dans les toutes premières années de mariage, a constamment rempli mon assiette avec ce que j'aimais. À vingt-cinq ans, je ne pesais pas autant que Coluche, mais j'avais dix kilos à perdre.

J'ai essayé tous les régimes et lu tous les livres... de diététique. J'ai appris les calories et les hydrates de carbone. J'ai rêvé d'une « nouvelle cuisine » avant qu'on découvre Michel Guérard. Comme pour des millions de mes contemporains, un titre annonçant un régime miracle sur la couverture d'un magazine déclenchait un réflexe d'achat quasi pavlovien. J'ai tracé des courbes quotidiennes de poids, j'ai même emporté ma balance en vacances.

Mais il aura fallu plusieurs années de rééducation avant d'arriver à un résultat à peu près durable : intérioriser un nouveau comportement. Ou, plus simplement, changer de goûts alimentaires, apprendre à oublier ce dont on raffole, à apprécier ce qu'on ne trouve guère appétissant. Grâce à quoi je n'ai pas seulement remodelé mon corps ; j'ai appris à mieux connaître mes réactions psychologiques, à me reconditionner.

Ainsi ai-je découvert qu'il m'était plus facile de renoncer complètement à certains aliments que d'en user avec modération. J'ai donc éliminé de mon existence le sucre, les féculents, les pâtes, les entremets, les sauces, les crèmes, pas mal de corps gras et les boissons sucrées et fruitées. Au début, c'est un effort, mais au bout de cinq ans, on n'y pense plus guère. Je ne pourrais plus boire aujourd'hui un café sucré, et l'absorption d'un coq au vin me gâcherait mon sommeil.

Il y a quand même des compensations. Une livre de moins sur la balance après la douche, et je me sens aérien pour la journée. Un coup d'œil sur un ami de mon âge dont la bedaine déborde la ceinture, et mes années d'efforts sont justifiées. Préférer la victoire sur soi-même à une assiette de profiteroles au chocolat (cinq cents calories), n'est-ce pas gravir un échelon vers la transcendance ?

Comme beaucoup d'enfants rondouillards, je

n'aimais pas l'effort physique. Au collège, je me faisais aussi souvent que possible dispenser des séances de gymnastique. Certes, j'ai appris et pratiqué des sports bourgeois : le ski (mon préféré), le tennis, le cheval et le ski nautique. Mais deux semaines de sports d'hiver par an et quelques heures de tennis et de natation l'été ne vous autorisent pas à vous croire sportif. Les premières années de ma vie professionnelle, ayant vu à la fois l'accroissement de ma ration de calories et la diminution de mon temps de loisirs, je ne me préparais pas une quarantaine alerte. Par hasard, à vingt-six ans, j'ai acheté aux États-Unis un petit livre qui faisait alors fureur : le manuel d'exercices physiques de la Royal Air Force canadienne. Grâce à lui, j'ai commencé à faire une indispensable gymnastique quotidienne, complétée depuis par une pincée de yoga.

Dans ce domaine, comme dans tant d'autres, ce qui est trop compliqué ne dure jamais longtemps. Beaucoup, ne faisant pas confiance à leur propre ténacité, croient impossible de s'astreindre seuls à l'exercice physique. Ils cherchent un professeur et une salle où, au mieux, ils n'auront le temps d'aller qu'une ou deux fois par semaine. Mais à l'ennui de la séance de flexions s'ajoute celui de devoir s'y rendre, se déshabiller, se doucher, se rhabiller et revenir. Il suffira que quelques rendez-vous urgents, voyages ou jours de fatigue surgissent pour qu'inexorablement les belles résolutions se diluent.

Ayant fait l'expérience de ces limites, j'en étais donc arrivé à la conclusion que si l'on tient à entretenir son corps (je lui dois bien cela), le plus sûr est d'adopter une routine aussi régulière que solitaire. Pas de moniteur ou d'appareils compliqués ; une dizaine de mouvements simples répétés chaque matin avant la douche sur une serviette suffisent à me maintenir à peu près souple (touchez-vous le plancher, mains à plat, en restant debout jambes raides ?) et relativement endurant (ne pas être essoufflé en montant dans l'autobus attrapé à la course).

Pour être franc, on ne s'amuse guère pendant cette demi-heure de culture physique matinale, même si très vite on ne peut plus s'en passer. L'investissement de temps n'est pas négligeable. Trente minutes par jour, cela fait cent quatre-vingt-quatre heures par an, soit plus d'une semaine entière (jour et nuit) à s'agiter sur un tapis. Et c'est encore modeste si l'on songe que nous passons à dormir plus de quatre mois chaque année.

Ce que je fais pour mon corps, il me le rend bien en plaisirs et en sécurité. Plaisir, essentiel, de garder intacts mes sens. Plaisir, vers dix heures du matin, de ressentir cette bouffée de vie et de confiance qui fait dire qu'on est bien dans sa peau. Plaisir d'être reçu avec mention à chaque check-up périodique et de ne pas se sentir à quarante ans plus vieux qu'à trente. Mais bientôt, la sécurité comptera aussi. Je sens bien que mon corps ne va pas vers la moitié la plus agréable de son existence. Sauf accident, la vie sera longue encore, dans un corps qui pourrait, s'il se détraquait, me la rendre déplaisante, peut-être insupportable.

Dans une interview lucide, donnée à soixante-dix ans, Sartre, quasi aveugle, reconnaissait qu'un travail sans mesure, sous amphétamines, l'avait usé trop vite. J'ai fait le choix de me ménager pour donner à mon cerveau de meilleures chances de rester irrigué, à mon cœur de ne pas s'encrasser, à mes jambes de me porter, à mes yeux de percevoir la lumière. Si la suite de ma vie me réserve des joies, je voudrais être en état d'en profiter. Si doivent venir les épreuves, j'aurai besoin de toutes mes forces pour les affronter. Je ne me pardonnerais pas de n'avoir pas tout fait pour demeurer valide dans cette imprévisible course de fond.

2018
L'OCTO

« Les quatre grands prédateurs de la Faucheuse, cancer, infarctus, AVC, Alzheimer, frappent au hasard. Il y a des semaines où, pour voir des amis, je navigue d'un hôpital à l'autre. »

La forme, voilà bien le domaine dans lequel l'Octo éprouve d'abord une souriante gratitude à l'égard du Quadra et des bonnes résolutions qu'il a su tenir. Pour atteindre les « quatre-vingts résilients » il fallait doubler la mise des années. Possible, jamais garanti. Ouf, voilà qui est fait, par chance certes, mais aussi un peu grâce à l'entretien dont j'énonçais les principes à quarante ans. Ça n'a pas été trop difficile de garder ce cap, puisque je pouvais en constater les bénéfices chaque jour : le très souhaitable « silence des organes », formulé l'année de ma naissance par le chirurgien René Leriche.

En même temps mes priorités ont bougé. La focalisation alimentaire est passée au second plan, non parce que je me suis laissé aller, mais parce que j'ai enfin atteint la seule assurance de ne plus avoir à me battre contre mon poids : la satiété. Mon corps se contente de ce dont il a besoin et a appris que, passé cette limite, son bien-être vacille.

De même que si je dépasse un verre de vin à dîner, je m'endors en sortant de table. Ne pas tenir l'alcool est la meilleure protection contre l'ivrognerie.

Et maintenant, que faire ? Vouloir devenir nonagénaire, centenaire ? Me laisser vivre ? Tenter d'exister encore plus fort ? Quand ces questions me viennent à l'esprit, je pense à la formule de Sartre : « Quand je délibère, les jeux sont faits. » Je sais d'avance que, pour moi, ce sera exister. Car envisager mon vécu en objectifs chiffrés me semble bien puéril. L'objectif a la simplicité du naturel : me sentir le plus vivant possible.

Quant à l'option de me laisser vivre, j'avoue ne même pas imaginer en quoi ça consiste. Il y a un demi-siècle je me disais quelquefois, quand mes routines gymniques quotidiennes me lassaient, que je pourrais à partir de cinquante ans lâcher l'affaire. Avant même d'y être arrivé, j'ai compris qu'il allait falloir au contraire m'entretenir davantage encore. Pour mes quatre-vingts ans, je me suis fait un cadeau : l'aménagement au sixième d'une petite salle de gym équipée de mes instruments de torture favoris. J'y passe chaque matin quarante-cinq minutes, moitié cardio, moitié musculation.

Après quoi seulement je me récompense d'un bon petit déjeuner : protéines salées, yaourt et fruits. Car depuis une trentaine d'années j'ai cessé de déjeuner, le plus sûr moyen de réduire ma ration alimentaire quotidienne d'un tiers. Quand j'ai pris, du jour au lendemain, cette décision (c'est plus facile en vacances), j'ai éprouvé une petite frustration pendant dix-neuf jours. Depuis, plus jamais, au point que l'idée même d'essayer d'absorber un vrai déjeuner me soulèverait le cœur. J'ai facilement résolu la question des rares repas de travail. Pour ne pas gêner mes convives, je commande une salade que je grignote jusqu'à leur dessert.

Je sais que cet énoncé paraît drastique, mais pas plus que l'affirmation de Perla, disant en revenant de son jeûne annuel qu'elle n'a eu faim à aucun moment. Conclusion : on peut apprivoiser son corps et lui donner de nouvelles habitudes. Mon ami Joël de Rosnay, qui s'y connaît en épigénétique, saurait le décrire en termes scientifiques.

Au temps de mes parents, on ne parlait pas de prévention. On vivait comme on le sentait et l'on n'allait voir son médecin qu'en cas de maladie ; souvent un peu tard. Moi-même je n'ai pratiqué des bilans réguliers qu'après quarante ans. Or advient le moment, passé la cinquantaine, où la priorité passe de la forme à la santé. Ma génération a eu la chance d'être la première à prendre le cap de la longévité. C'est la première fois, dans l'histoire des humains, que notre espérance de vie rallongeait chaque année de trois mois. Mes parents n'auraient même pas pu imaginer cette sorte de miracle.

Depuis, j'ai appris que la longévité se construit à deux, la science et moi. Cette dernière a été généreuse avec les gens de ma génération. Comme si les inventions s'étaient succédé pour trouver de nouveaux traitements, au fur et à mesure que nous rencontrions des problèmes dus à l'âge. Les plus sympathiques étant, dans la foulée du Viagra, l'arrivée au tournant du siècle des raffermisseurs de la libido. La bonne longévité n'est pas seulement de mourir plus tard, mais de se sentir bien dans son corps le plus longtemps possible.

Sans oublier d'y inclure une dimension esthétique. À cet égard je pratique la méthode cubaine. Nous avons tous vu les images de ces superbes Chevrolet ou Cadillac vintage dans les rues de La Havane. Comme les Cubains ne peuvent pas importer de belles américaines depuis cinquante ans, ils ont appris à les bricoler, les dorloter et les astiquer, avec de jolis résultats. Moi non plus je ne peux pas changer de carrosserie, je dois m'arranger avec ce dont je dispose. Il ne s'agit pas de faire jeune – projet bidon pour magazines féminins – mais de rester présentable et pourquoi pas désirable. J'avoue une hantise de me retrouver enfermé dans un corps beaucoup plus vieux que mon humeur, mes pensées ou mes désirs.

Chez un homme, qu'est-ce qui vous vieillit ? La calvitie, les traits qui s'affaissent et l'embonpoint. Pour les cheveux ma mère m'a transmis les gènes de sa crinière brune, qu'elle a toujours conservée. Merci, maman. Pour la silhouette, la diététique, la salle de gym et pas mal de ténacité. Pour le visage, il y a d'excellents plasticiens. À soixante ans, je me suis confié à l'un d'entre eux et ça tient plutôt bien depuis. Avec tout ça, je n'ai quand même pas l'air d'un jeune homme, mais ça me convient, puisque je ne pense pas non plus comme un jeune homme.

À l'entrée dans le quatrième âge (ça me fait bizarre, mais j'y suis puisqu'il commence officiellement à quatre-vingts ans) il faut ajouter à tous ces menus travaux l'entretien cérébral. Le pire n'est-il pas de sentir se démuscler nos neurones, qui demandent donc eux aussi à être activés ? On peut apprendre le piano, s'exercer au sudoku, jouer aux échecs avec son smartphone ou… écrire des livres. De fait, quand me vient au clavier une formule pas mal tournée, ça me donne, pour quelques secondes, une deuxième jeunesse.

Rilke disait qu'il faut s'en tenir au difficile, à cet égard l'avancée en âge est un vaste terrain d'exercice. La mort s'approche à découvert, les seules incertitudes étant son moment et sa manière à mon égard. Déjà les accidents de santé, qui se multiplient dans notre entourage, créent l'ambiance.

Les quatre grands prédateurs de la Faucheuse, cancer, infarctus, AVC, Alzheimer, frappent au hasard. Il y a des semaines où, pour voir des amis je navigue d'un hôpital à l'autre, dont je connais déjà un bouquet. Enterrant mes parents, avant cinquante ans, je me sentais un vieil orphelin. Désormais, assistant à des obsèques, j'ai l'impression de participer à une répétition, de me préparer à être moi-même le défunt du jour.

Mais les maladies notoires, celles qui font peur,

ne sont pas les plus mortelles. Les principales causes de décès chez les personnes âgées sont tout bêtement les chutes à la maison, surtout celles dont on ne parvient pas à se relever sans aide. Là se posent les questions vraiment difficiles pour ses proches et pour soi-même.

Dans ma jeunesse, l'aïeul, le plus souvent une grand-mère, habitait nécessairement avec ses enfants. Maintenant l'exiguïté des logements et l'amélioration de la condition physique des vieux poussent ces derniers à vouloir être autonomes, donc souvent seuls. J'ai connu plusieurs cas dans ma propre famille de personnes qui, après avoir chuté, sont restées sur le tapis toute une nuit, en attendant que le matin la femme de ménage les aide à se relever.

Vivant un couple heureux et actif avec une femme qui a six ans de moins que moi et statistiquement une espérance de vie supérieure à la mienne, je n'y pense pas trop pour moi-même, tout en sachant qu'en la matière les raisonnements chiffrés ne sont qu'un bouclier théorique. À mon âge ou celui de mes contemporains, tout peut advenir. Il m'arrive ainsi de penser aux grandes offensives meurtrières de la Grande Guerre. On courait au-devant du feu ennemi et l'on voyait tomber les camarades, tandis qu'on continuait à avancer. « Pourquoi lui, pourquoi pas moi ? » Combien parmi les survivants sont restés obsédés par cette question métaphysique ? De toute façon, ça finit par un lâcher-prise.

Le masculin

1978
LE QUADRA

« Non seulement je trouve mes filles aussi futées que jolies, mais j'ai le sentiment d'avoir investi dans le parti qui monte. »

Voici vingt-cinq mille ans que ceux de mon sexe bénéficient d'une confortable rente de situation. Il aura fallu que ce soit ma génération qui connaisse la première une remise en cause profonde de la supériorité « naturelle » des hommes. Comme observateur, je salue là une mutation sociale historique. Comme mâle, c'est plus compliqué. Il me faut affronter l'imprévu, improviser des comportements ; bref, changer mes habitudes.

Je suis convaincu que les femmes n'ont pas l'intention de nous mener une guerre d'extermination avant de parquer les derniers spécimens mâles dans des réserves. Mais c'est un changement complet de vision du monde qu'il nous faut assimiler. Quand je suis né, nous étions l'étalon (!!!). En français le mot « homme » désignait indifféremment les mâles et le genre humain. Désormais, et c'est irréversible, nous voilà ramenés au seul masculin de l'espèce, encore privilégiés mais déjà taraudés par la mauvaise conscience qui prélude aux fins de règne.

On ne m'a pas caché, dès mes premières années, que j'avais eu de la chance de naître garçon. Pour mes parents, trois filles de suite ne pouvaient être qu'une brimade du destin. Certes, Jean-Jacques les avait d'abord comblés. Un mâle comme aîné, n'était-ce pas l'idéal millénaire d'une famille judéo-chrétienne ? Mais ensuite, une succession de trois filles devenait vexante. Sauveur in extremis du standing familial, je n'ai donc pas raté mon entrée. À moi les petits soins.

Mes parents étaient doux et civilisés. Né femelle, je n'aurais pas été noyé dans un puits, comme il était encore courant de le faire au Japon au début du siècle. Mais j'aurais sans doute bénéficié de moins d'indulgence.

Quant à moi en tant que père, le féminisme ne m'avait pas encore donné à réfléchir quand ont commencé à naître nos nombreuses filles. C'est probablement par esprit de contradiction avec les stéréotypes familiaux que j'avais décidé d'être content de ce qui viendrait. Depuis, mes raisons d'être satisfait de mes filles n'ont fait que se renforcer. Non seulement je les trouve aussi futées que jolies, mais j'ai désormais le sentiment d'avoir investi dans le parti qui monte.

Tous les efforts déployés au cours de mon enfance par mon entourage pour tenter de faire de moi un être équilibré et responsable ont été ponctués de deux injonctions : «Montre que tu es un homme» et : «Ne te conduis pas comme une fille ». Lorsque j'ai commencé à m'intéresser aux femmes, j'y étais donc davantage poussé par les hormones de l'adolescence que mû par une respectueuse considération à leur égard.

Si toutefois mon milieu familial m'avait poussé à considérer que le masculin était plus égal que le féminin (pourquoi aurais-je mis en doute un principe si avantageux pour moi ?), il m'avait aussi convaincu qu'on ne saurait passer sa vie en compagnie d'une ménagère. Ma mère et ses belles-sœurs avaient toujours combiné leur vie de famille et de maîtresse de maison avec des activités sociales ou politiques – encore rares à l'époque. Mais la bourgeoise type, celle des relations de mes parents, appartenait bien souvent au genre « Sois moche et tais-toi ».

J'ai vu, dans leur salon, nombre de femmes d'hommes éminents empruntées, muettes, coincées entre leur fourneau et leur machine à coudre, et n'ayant pu suivre l'ascension de leurs brillants maris qui, eux-mêmes, ne les y avaient guère aidées. Instruit par la vision de ces ménages fossiles, je pensais que le vrai risque présenté par les femmes était de passer toutes les soirées de mon existence avec une gourde. Je ne voulais faire ma vie qu'avec une véritable partenaire. Je n'avais pas lu *Le Deuxième Sexe*, mais j'aspirais à l'équivalence dans le couple, sans trop me soucier d'égalité.

Souvent, chez les jeunes ménages de mon âge, l'homme s'opposait encore à ce que sa femme quitte son service exclusif : « Nous avons les moyens que tu ne travailles pas. » L'idée que celle-ci puisse avoir, comme son mari, besoin d'un intérêt professionnel pour son équilibre n'émergeait même pas. Dans les cas où elle prenait un emploi, elle ne cherchait pas à gagner davantage, ni même autant, que son conjoint. Grâce au décalage des rémunérations, le mâle obtenait la garantie de ne pas avoir à lever le petit doigt chez lui. Celui qui gagne davantage n'a-t-il pas le droit, et même le devoir, de lire *Le Monde* en rentrant chez lui, au lieu de mettre le couvert ? Ne doit-il pas rester au lit quand les enfants pleurent au milieu de la nuit, puisqu'il aura besoin de toutes ses forces pour poursuivre, au matin, son irrésistible progression professionnelle ?

Claude et moi, pendant les premières années de notre mariage, n'avons pas fait exception. Nous partions à égalité : mêmes diplômes, mêmes exigences, même incompétence ménagère. Consciente de ses « devoirs », Claude a appris à repasser les chemises, moi pas ; à préparer des recettes appétissantes, moi pas ; à partir au marché le samedi matin, moi pas ; à faire des enfants, puis les soigner et leur donner du temps, moi si peu. Grâce à ses efforts, elle s'est taillé la réputation enviable de celles dont « on ne sait pas comment elles font pour mener de front une maison impeccable, une famille nombreuse et un métier passionnant ». Personnellement, mon propre crédit n'a nullement souffert de ce que je ne savais pas cuire une omelette, ni changer des couches, ni tenir tête plus d'un quart d'heure de suite à la meute de mes propres enfants. J'avais, n'est-ce pas, tellement mieux à faire par ailleurs.

Nous aurions pu continuer à mener cette existence alors « normale » si la mère de mes enfants ne s'était, à la faveur d'un long séjour aux États-Unis (en 1972), liée d'amitié avec Gloria Steinem et d'autres féministes américaines. Très vite, elle a vibré à l'unisson des idées qu'elles incarnaient.

Avant même d'avoir assimilé l'idée, explosive, qu'« il n'y a plus aucune raison pour que les femmes soient traitées différemment des hommes », je me retrouvai donc le mari d'une féministe. La plupart de mes amis auraient préféré subir un contrôle fiscal. Je dois admettre que les niaiseries sarcastiques que déclenche, chez les mâles, le mot « féminisme » ont fait autant pour me convaincre de la justesse de cette cause que la conviction des militantes que j'ai rencontrées.

Je ne suis pas féministe par masochisme. Il se trouve que les êtres vivants que j'aime le plus, filles, femme ou mère, appartiennent en majorité au genre que je n'ai pas. C'est seulement depuis quelques années que j'ai compris que le hasard génétique leur a imposé, ou leur imposera, dans la vie des contraintes qui m'ont été évitées du seul fait que je suis né garçon. N'est-ce pas la définition même de l'injustice ?

Pourquoi ne serais-je pas scandalisé à l'idée

que si ma femme était violée par des loubards, ses agresseurs s'en tireraient à peu de frais ? Pourquoi ne serais-je pas outré que mes filles, à compétences égales – et quelquefois supérieures –, se voient préférer des hommes dans les carrières qu'elles préparent ? Pourquoi devraient-elles porter l'essentiel du poids quotidien de la famille qu'elles sont en droit de vouloir un jour créer ?

Un des traits les plus naturels de l'amour, c'est de ressentir personnellement les torts subis par ceux que l'on aime. Comment donc un mari, un père de filles peut-il ne pas être spontanément féministe ? La réponse n'est que trop claire. Parce qu'il se sent lui-même menacé par cette vague de fond qui va bouleverser toutes les sociétés avancées. Parce que la compétition pour les places au soleil doublera quand les femmes bénéficieront de toutes leurs chances. Parce que l'égalité de traitement dans un couple ne pourra être atteinte que si l'homme, en partageant, renonce à des petites libertés et à d'appréciables conforts. Parce que l'éducation des mâles, leur culture ne les ont pas préparés à vivre une sexualité fondée sur l'échange, le respect et la réciprocité.

Allez, mes chéries, vous avez du pain sur la planche ! L'affaire d'une vie. Je sais bien que la masculinité m'empêchera d'être avec vous aux avant-postes de cette lutte longue et compliquée, mais si un homme peut vous aider, comptez sur moi.

2018
L'OCTO

« J'ai d'autant mieux reconnu et apprécié ma part féminine qu'elle s'accompagnait d'une hétérosexualité inconditionnelle. »

Dans la partie du monde très civilisée où je viens de passer quatre-vingts ans, j'ai assisté, vibré, quelquefois participé à la montée inexorable, silencieuse et bouleversante de la révolution féminine. Dans le destin collectif de l'humanité, elle comptera davantage que ses équivalents politiques (1789, 1917 et même 1949 en Chine), qui notons-le se passaient entre hommes.

Les femmes n'ont eu ni envie ni besoin de prendre les armes, elles ont bénéficié d'une avancée décisive de la science, la contraception, qui les a rendues maîtresses de la procréation. Mais les changements irrésistibles sont venus d'un fait massif et totalement positif : instruites comme les garçons, elles se sont souvent révélées meilleures que ces derniers.

La parité en découlera de plus en plus, même si nos militantes féministes sont dans leur rôle lorsqu'elles répètent qu'il y a encore bien du chemin à parcourir, surtout en matière salariale. Et tout de même : il y a quarante ans l'Assemblée nationale comptait vingt et une femmes (4,3 %), aujourd'hui dix fois plus, deux cent vingt-quatre (39 %). Et le gouvernement est à parfaite parité. Hillary Clinton a raté la dernière marche, mais il y a partout des femmes à la tête de leur pays. Le tour de la France et des États-Unis viendra d'ici une génération. Pourquoi pas une de mes petites-filles ?

La principale conséquence, imprévue, de l'éducation des filles a été démographique : le fait de les instruire, partout dans le monde, a davantage fait baisser les taux de natalité que l'usage de la pilule. Enfin dotées de la possibilité de penser par elles-mêmes, les femmes ont tranquillement enrayé la plus grande menace qui pèse sur le genre humain : la poursuite d'une explosion irréfléchie du nombre de nos semblables sur cette planète.

Pour les femmes de ma génération et de celle de mes enfants, ces progrès ont paru trop longs, trop partiels et trop mal payés, mais ils se sont produits. Et ce n'est qu'un début. Nous sommes bien au siècle des femmes.

Quant à moi, au milieu de ces glissements telluriques, j'ai dû m'inventer une nouvelle posture, celle d'un « mec féministe ». Oxymore ou mutant ? J'ai préféré la compagnie des femmes parce qu'elles m'attiraient et ne me faisaient pas peur. J'ai principalement travaillé avec elles pendant ces quarante dernières années et m'en suis constamment félicité. Peut-être du fait d'un subtil mélange de prééminence atavique et d'une nuance toujours possible de séduction dans les relations.

Mon attitude à l'égard des femmes, je me la suis formulée en constatant ce qui est bénéfique dans le couple : à l'horizontale, animalité joyeuse ; à la verticale, respect, souvent admiratif. Même quand il ne saurait être question de sexe, ça donne à l'échange comme une troisième dimension, informulée mais stimulante. Même une femme que je n'aurais jamais touchée (la quasi-totalité de la gent féminine) est symboliquement amante ou maternelle ; il ne m'est jamais arrivé de penser ça d'un homme. Ma relation avec les femmes est complexe et évidente à la fois. Suffisant pour entretenir une fascination discrète au fil d'une vie.

Je n'ai aimé ni les chambrées, ni les vestiaires de sport, ni la vulgarité puérile que produisent trop souvent des groupes d'hommes entre eux. J'ai d'autant mieux reconnu et apprécié ma part féminine dans les goûts et les sentiments qu'elle s'accompagnait d'une hétérosexualité inconditionnelle. Il a pu m'arriver, en voyant de très beaux hommes, de me dire qu'ils auraient pu m'attirer, mais mes gènes m'en ont dissuadé.

J'ai aussi eu la chance d'exercer un métier où les femmes excellent depuis des lustres, que ce soit le journalisme ou la publicité. Ça ne s'est toutefois pas concrétisé dans mes premières années. Aux *Échos* et à L'*Expansion*, les journalistes étaient uniformément masculins et le remarquable Jean

Boissonnat, mon partenaire pendant vingt-cinq ans, quoique fort courtois avec nos rares collaboratrices, était un tantinet misogyne. À *Psychologies*, en revanche, comme plus tard à Human Rights Watch, j'étais l'un des seuls hommes de l'équipe, j'ai trouvé ça aussi plaisant qu'efficace. Ce qui me rappelle l'adage américain : « Si vous voulez que quelque chose se fasse, confiez-le à une femme débordée. » Je fais davantage confiance aux femmes qu'aux hommes et n'ai jamais eu à le regretter.

Quand j'imagine la société où vont vivre mes petits-enfants, je ne crois pas à une supériorité inhérente des femmes ni des hommes. En cassant enfin le carcan inégalitaire dans lequel les unes et les autres étaient enfermés depuis les origines, on est seulement en train de les mettre sur la même ligne de départ. La sortie des femmes d'une position subalterne reste minoritaire sur la planète, mais il est déjà évident que rien ne l'arrêtera. Peut-être suffira-t-il de deux ou trois générations pour qu'on ne se souvienne plus qu'il en avait été tout autrement pendant des millénaires.

J'aurai mené une vie d'homme au carrefour de ces siècles de transition. Né dans une famille où, par réflexes culturels, on espérait des enfants mâles, j'ai été éduqué dans un collège de garçons, puis j'ai fait plus de deux ans de service militaire. Des débuts plutôt éloignés du genre que je n'avais pas. C'est probablement pourquoi j'ai été longtemps timide avec les femmes, entre désir de séduction et crainte du refus. Ayant eu la chance de rencontrer très tôt un amour et la possibilité d'un vrai couple, je m'y suis coulé comme dans une évidence. Ma vie de garçon a été remise à plus tard. C'est un peu déstabilisant quand elle se manifeste à mi-vie, plutôt qu'à l'adolescence. Je l'ai alors vécue en parallèle avec mon existence d'homme mûr, non sans les complications affectives qui en découlaient. Mais ça m'a permis de sentir, aujourd'hui, que je ne suis pas passé à côté de ma masculinité.

Oui, parlons-en de cette masculinité. Autant je me suis rallié avec conviction et plaisir à la cause féministe, autant je trouve qu'on nous tourne la tête avec les revendications d'indifférenciation entre les sexes et les théories du genre. J'en reconnais la légitimité intellectuelle, voire politique. Ces idées ont un rôle pour accompagner la transmutation en cours de la place des femmes au sein de l'humanité. Mais ça ne m'a pas empêché de rire jaune le jour où j'ai vu des amies américaines arborer sur un T-shirt décoré d'un poisson : A *woman without a man is like a fish without a bicycle* (une femme sans homme, c'est comme un poisson sans vélo). »

En tant qu'individu masculin, j'ai souvent l'impression que des intellectuelles ou militantes convaincues font passer au second plan la principale source de joie de vivre des femmes et des hommes : notre animalité, le désir, le rapport amoureux. En tant que simple humain, je trouve là le cœur de mon énergie, de mon sentiment d'être pleinement vivant. Combien de fois, au contact d'une femme, ne me suis-je pas dit : « Je me soumets avec délices à ma programmation génétique. » Et quand j'ai l'impression, qui se passe de mots, que ma partenaire est du même avis, c'est un moment joyeux et agréablement répétitif.

J'imagine qu'il en est de même dans une relation homosexuelle. L'important n'est-il pas de trouver avec un autre humain, quel qu'il soit, cette communion essentielle de l'âme et du corps ? Et pas seulement dans le coït. J'ai eu des rapports « sexués » avec des femmes sans jamais m'être retrouvé dans un lit avec elles. Entre l'échange de regards complices et l'accouplement fougueux, il y a bien plus de cinquante nuances, dont tant ne sont ni indécentes, ni dégradantes, ni illicites.

Quand je constate qu'à l'instar des États-Unis certains envisagent de normer l'art de faire la cour, je ris et frémis à la fois. Dans ces débats a été évoqué en France un droit d'« importuner », terme que je trouve désagréable et inexact : peut-on croire que ce soit en se rendant importun que l'on se donne les meilleures chances de plaire ? Aussi désuet que soit le vocable, si français, j'opterais volontiers pour un droit au « marivaudage », que je conçois comme l'opposé direct de l'approche « relou ». Il n'a rien d'hypocrite, se situe clairement dans le registre de la séduction, mais suppose du tact, de l'esprit et du respect. *Old-style* ? Avec plaisir.

Pour les temps à venir, je rêve d'une société où les femmes et les hommes se sentiront compagnons en humanisme, ce qui suppose la prise en compte du bien-être les uns des autres. Mais sans hésiter à cultiver et valoriser leurs différences sur lesquelles est fondé le désir, cette curiosité biologique indépassable qui assure le renouvellement de notre espèce ; le plaisir en prime.

La mort

1978
LE QUADRA

« Soudain, la mort saute sur la scène, claque des doigts : “Voilà ce que je fais de tout ça !” Message reçu, pour de bon. »

Sur la nécessité de mourir, je suis à égalité non seulement avec mes milliards de contemporains, mais avec mes ancêtres qui, il y a quinze mille ans, dessinaient à Lascaux les chevaux mieux que moi. Rien de plus constant que l’humain face à sa mort. Et pourtant, mes rapports avec elle sont marqués par mon époque et mon milieu.

D’abord, je ne suis pas mort. À mon âge, quarante ans, Alexandre était mort, de même que Pascal, Mozart, Louis XVI, Robespierre et Anne Frank. Historiquement, je fais déjà figure de survivant, puisque ni les virus ni les massacreurs n’ont eu ma peau. Hitler en avait pourtant la ferme intention ; la chance et les décisions judicieuses de mes parents m’ont évité de finir dans une chambre à gaz. Mais le fait que j’aurais pu être exterminé enfant parce que mon père était d’origine juive me fait considérer Gengis Khan, la Saint-Barthélemy ou la Terreur comme des faits d’actualité et peut-être, hélas, d’avenir.

La maladie, en revanche, semble avoir plus durablement reculé. Sans les antibiotiques, j'aurais peut-être succombé, à quinze ans, à une méchante maladie du sang. La grande différence est là. À ceux qui, devant moi, expriment quelque nostalgie pour le passé, je fais généralement remarquer que, nés sous Napoléon, ils seraient probablement morts de l'appendicite.

Tout récemment donc, et pour la première fois dans l'histoire des humains, la mort a opéré une retraite élastique, puisque l'espérance de vie, en trois générations, est passée de trente à soixante-quinze ans (en France, mais toujours pas au Bangladesh). J'ai d'ailleurs mis longtemps à la rencontrer physiquement. Mes grands-parents auraient été stupéfaits d'apprendre que je devrais attendre trente ans avant de voir mon premier cadavre. Celui de mon père.

Dans la formation d'une personnalité, on observe que l'idée de la mort ne pénètre généralement qu'à l'occasion de celle de quelqu'un d'autre. La plus propice pour cette prise de conscience étant celle d'un des parents. Elle bouleverse l'environnement affectif familier et fait en même temps réaliser que l'on va rester seul, perdre la protection tutélaire. Pour moi, cela s'est passé un peu différemment. La disparition de mon père, à quatre-vingts ans, m'a touché, ému, mais pas bouleversé, car elle fut paisible.

Le vrai choc a eu lieu à vingt-six ans sur l'Atlantique. J'étais assis, peu après l'appareillage du

Havre, dans le cinéma du paquebot *France*, en route vers New York. Sur l'écran, Johnny Hallyday galopait en Camargue. Subitement, le haut-parleur du bord couvre la musique : « Nous informons nos passagers américains (pourquoi eux seulement ?) que le président Kennedy a été victime d'un attentat à Dallas... » Stupeur ! Le film s'arrête, la lumière revient. Premier deuil planétaire. Comme à d'autres, il m'a fallu du temps pour admettre la nouvelle. En novembre 1963, il était naturel de s'identifier à John Kennedy, qui incarnait les idées-forces de mon âge : l'Amérique, la jeunesse, le succès, la beauté et l'avenir. Soudain, la mort saute sur la scène, claque des doigts : « Voilà ce que je fais de tout ça ! » Message reçu, pour de bon.

J'ai ensuite passé trois mois actifs et gais à New York à étudier le fonctionnement détaillé des principaux magazines américains. Mais tous les soirs, au moment de m'endormir, je me voyais au tombeau. Pour la première fois, la vision concrète de ma propre fin m'obsédait. Pas moyen de changer de chaîne sur mon petit écran mental : mon cercueil, ma décomposition, moi en poussière, moi au fond du trou, sous des tonnes de terre.

Donc, premier choc : j'apprends que les autres peuvent mourir ; deuxième choc : le fait que je mourrai aussi s'ancre en moi. Mais après avoir assimilé les aspects tragiques, imprévisibles et fatals de la mort, il me restait à percevoir sa réalité. C'est entre trente-cinq et quarante-cinq ans qu'elle s'installe dans un coin de votre tête. Il paraît que pendant quelques années, cette nouvelle présence permanente gêne un peu, mais qu'ensuite on s'en accommode, sans l'oublier. Il paraît...

En vacances, au début, on ne compte pas les jours, puisqu'on sait qu'il en reste beaucoup. Mais, dès la seconde semaine, on se met à songer tantôt : « Il me reste encore la moitié », tantôt : « Plus que huit jours ». Vers trente-cinq ans, j'ai vu pour la première fois ma vie comme une fin de vacances. Mon premier coup de vieux.

J'ai mieux compris, pour l'avoir vécu, le « divertissement » selon Pascal. L'action dans laquelle j'ai, depuis, replongé aide à oublier l'échéance, mobilisant l'esprit sur l'accessoire. Mais elle fait filer les jours comme des heures, les mois comme des semaines ; le terme se rapproche, sans que l'on sente passer sa vie. Pour autant je ne veux pas me cacher ma condition de mortel, car elle m'aide à mieux apprécier la vie. De nombreux témoignages de malades, apprenant qu'ils sont condamnés, l'affirment. Soudain, les couleurs leur semblent plus vives, la saveur des aliments plus forte, la nature plus éblouissante. L'existence paraît plus séduisante encore à ceux qui vont la perdre. Et, de fait, depuis que j'ai ressenti l'approche du terme, je profite mieux de ce que m'offre la vie. Je distingue plus aisément ce à quoi je tiens vraiment ; la beauté me fait plus de bien ; je crois mieux aimer.

À quarante ans, je sais (j'espère) que la mort est

loin d'en avoir fini avec moi et que nos relations, avant la reddition, seront évolutives. Mais je note déjà qu'elle semble beaucoup plus révoltante et inadmissible à l'être jeune dont la vitalité déborde qu'à celui de l'âge mûr. Aujourd'hui, je serais fâché de devoir mourir. Mais ce que j'ai observé des vieillards me permet d'imaginer qu'il puisse en être autrement un jour.

Mon projet reste pourtant de lutter jusqu'au bout pour la moindre miette de vie. Rien ne me semble moins tentant que le suicide. L'envie ne m'en a jamais traversé l'esprit. Compte tenu de ce que la vie m'a offert jusqu'ici, c'eût été, d'ailleurs, peu explicable.

Ce qui pousse au suicide n'est pas la difficulté de vivre, mais le manque de raisons de vivre. C'est pourquoi l'on voit, en périodes de guerre ou de troubles graves, le taux de suicides baisser ; alors que des milliardaires en pleine santé sautent par la fenêtre. Tant que j'aurai quelqu'un à aimer – ne serait-ce qu'un chien – et que je garderai un peu de curiosité, je ne me vois pas téléphoner à SOS Amitié. Mais je ne prétends pas savoir dans quel état psychologique je serai dans quarante ans. La vie peut encore me réserver bien des séismes.

2018
L'OCTO

« Agnostique, je fais donc une sorte de pari de Pascal inversé : pour ne pas m'illusionner, je préfère penser qu'il n'y aura rien après ma mort et agir en conséquence. »

Première constatation : j'ai gagné mon pari, qui découlait du titre de À *mi-vie*. Comme le disait Lino Ventura dans un de ses films d'action : « Signe particulier, toujours vivant. » Mille accidents ou maladies auraient pu m'en empêcher. En regardant autour de moi ceux qui n'ont pas atteint la borne 80, ou qui comme mon frère se sont retrouvés condamnés par un Alzheimer à une vie diminuée, je mesure ma chance.

Et comme tout organisme vivant, je suis porté à continuer à battre chaque jour mon propre record de longévité. D'autant que quatre-vingts n'est plus le même marqueur qu'il y a quarante ans. Apprenant qu'un ami était mort à soixante-dix-neuf ans, je me suis surpris à penser : « Pourquoi si tôt, il devait avoir une sale maladie. »

La différence entre le rapport du Quadra avec la mort et le mien aujourd'hui n'en est pas moins flagrante. Certes il était lucide et avait intégré que sa fin était inéluctable, mais ça viendrait plus tard, puisqu'il disposait encore d'une moitié de vie. Pour l'Octo, même s'il lui reste (*inch'Allah*) quelques années à vivre, ça va être son tour. Ses parents sont partis, certains de ses frères et sœurs, pas mal d'amis. En regardant autour de lui, il constate qu'il est bien arrivé dans le couloir de la mort. Pour un condamné américain, ça peut durer vingt ans. Pour moi, même si mon cousin Jean-Claude est mort centenaire, la probabilité est moindre.

Une constatation s'impose et une question se pose. Je sais d'expérience que deux, cinq ou dix ans, ça passe très vite. Mon pronostic vital a désormais une allure de bail précaire. Et la question décisive est la même que pour tous les mortels humains depuis qu'ils pensent : « Y a-t-il un au-delà qui pourrait me rassurer, me permettre de croire que, même mort, je ne le serais pas tout à fait ? »

L'idée d'affronter le néant est si révulsante à notre espèce que celle-ci n'a cessé d'échafauder des religions qui lui promettent un espoir et, pour les vrais croyants, la conviction d'une vie après la vie. Dans ma tranche d'âge, la question devient pressante. N'ai-je pas vu tant de mes semblables, qui ne pratiquaient aucun culte pendant leurs années actives, se mettre sur le tard à fréquenter assidûment églises, synagogues ou temples ?

Qu'il le sache ou non, l'octogénaire est confronté à la métaphysique, celle qui lui impose de répondre oui ou non au questionnement ultime d'un après.

Si c'est oui, me voilà rassuré ; si c'est non, je dois lucidement accepter de bientôt brusquement ne plus être. L'image qui me vient quelquefois en y pensant est celle de l'écran qui soudain devient noir. Devant cette fin imminente et radicale, ça m'arrangerait bien de croire à la vie éternelle. Pourquoi n'y parviens-je pas ?

Probablement parce que j'en sais trop, même si je suis si souvent consterné d'en savoir si peu. Si j'étais né deux siècles plus tôt, j'aurais accompagné mes parents à la messe chaque dimanche. J'aurais été éduqué par des curés et l'on m'aurait dit que même le roi tenait son pouvoir de Dieu. Je n'aurais peut-être même pas entendu parler de Voltaire, l'impie. Comment n'aurais-je pas cru au paradis et à l'enfer ? Mais le doute cartésien, la découverte de l'univers, la civilisation matérialiste ont gâché cette fête trop naïve.

Les dieux ou démons qui m'ont été proposés par les religions révélées ressemblaient bien trop aux humains, qui les ont inventés, pour être crédibles. Je ne crois pas en Dieu, donc je suis étymologiquement athée. Je n'ai aucune réponse aux interrogations que je partage avec tous mes semblables : « Pourquoi suis-je né ? Quel sens a ma vie ? Pourquoi dois-je mourir ? » Donc je suis agnostique, ignorant de l'essentiel. Je mourrai perplexe.

Agnostique, je fais donc une sorte de pari de Pascal inversé : pour ne pas m'illusionner, je préfère penser qu'il n'y aura rien après ma mort et agir en conséquence. Si d'aventure je m'étais trompé sur ce point décisif, ce serait une formidable surprise. Mais je ne pourrais la partager avec personne !

Je sais aussi que, même entouré, on meurt seul et que si c'est face au néant, aller vers sa mort sans trembler met l'héroïsme à la portée de tous. Je ne trouve rien de morbide à penser sa mort comme le couronnement de sa vie. Je ne suis pas obsédé par elle, mais sa lumière noire intensifie mes perceptions, ma sensibilité à tout ce qui vit, individus, animaux et nature. La Faucheuse joue bien son rôle de faire-valoir des petits plaisirs dont je peux encore profiter. Dans notre mano a mano, je me réjouis chaque soir de lui avoir arraché une journée de plus. Depuis qu'ayant consommé deux demi-vies je sais que je joue les prolongations, tout est du rabe.

Selon les jours c'est pile ou face. Je peux ressentir que ma vie n'a aucun sens puisque je vais disparaître sans avoir compris le jeu. Et le lendemain c'est parce que je me sens mortel que chaque instant vécu m'est source de félicité.

Peut-on avoir envie de mourir ? J'imagine que oui, lorsque la vie est devenue une souffrance intolérable ou qu'on ne lui trouve plus de sens. Comme en écrivant ces lignes je ne suis dans aucune de ces situations extrêmes, c'est un bon moment pour y penser sereinement. De quoi ai-je le plus peur ? De la mort ou de la souffrance, de la déchéance, de l'état de légume, de ne plus reconnaître ceux que j'aime, de l'impotence, de l'envie d'en finir sans avoir les moyens physiques de le faire ? Je pourrais prolonger cette sinistre litanie, qui n'en est pas moins réaliste pour tout octogénaire.

Dès lors qu'il faut y passer, on ne peut que souhaiter une mort douce. Une fin comme celle de mes parents, chez eux, dans leur lit, au milieu de leurs proches, sans tuyaux dans le nez ni dans la bouche. J'étais là et je sais que c'est possible. Pourquoi est-ce devenu presque rare ? Parce que l'on veut nous prolonger au-delà de ce qui est enviable pour tout mortel : une belle mort. Celle qui conserve la dignité du mourant et qui laissera même un doux souvenir à ceux qui l'entourent.

Le choix entre finir mal et anticiper volontairement sa fin oppose frontalement en moi le penseur et l'animal. Le premier redoute la dégradation de la lucidité, les comportements aberrants et indignes de l'image de soi. La menace de retomber en enfance en bavant est pitoyable ? Un des cas où le suicide dans des conditions douces, accessibles de nos jours, serait la meilleure sortie. Mais l'animal en moi est rarement de cet avis, son instinct le fait tenir à la vie jusqu'au bout. Il pense que demain matin sera joli et encore le jour d'après, qu'il y a encore de l'amour à donner et à recevoir, que le mariage d'un petit-fils est prévu l'an prochain. Tout simplement qu'il a envie de vivre encore un peu et que d'appuyer soi-même sur le bouton « off » a quelque chose de révoltant. Qui des deux a raison ? Mais quoi qu'il arrive, ça ne se traitera pas au niveau de la raison.

Comme à vous on m'a seriné dans mon enfance qu'on ne connaîtrait ni le jour ni l'heure. À l'époque plus humaniste que nous vivons, ce n'est plus aussi vrai. Un choix existe.

La vie

1978
LE QUADRA

«Je n'avais pas d'estime pour ceux qui dormaient tard, parlaient beaucoup, buvaient trop ou, plus simplement, rentraient chez eux à dix-huit heures pile pour retrouver leur femme et leurs gosses.»

«Continue ainsi, m'assurait ma cigale, et vers trente-trois ans, tu n'auras rien vu passer de ta vie. – Tu trouves que je n'ai rien fait de ma vie jusqu'ici? – Tu as vécu à ta manière. Tu as réalisé des projets, appris un métier, construit ta réputation, gagné un bon salaire : le cadre supérieur en pleine escalade. – Ne me réduis pas à mon métier; j'ai aussi un amour, des enfants, une maison qui me plaît. – Parlons-en. Que fais-tu de ton amour quand tu t'endors comme une masse après ta journée de travail? As-tu seulement vu tes aînées quand elles avaient deux ans et que tu leur consacrais cinq minutes par jour? Crois-tu que tu profites de ta maison chaque week-end où tu te cales dans ton fauteuil, ton maudit attaché-case sur le ventre, et que tu broutes du papier jusqu'au dimanche soir?»

Combien de fois a-t-il fallu qu'elle répète sa litanie avant que j'y prête attention? Je savais bien que d'autres préféraient «profiter» de leur jeunesse, plutôt que de s'en servir à construire, à monter le plus haut possible. Mais, comme la fourmi, je n'avais pas d'estime pour ceux qui dormaient tard, parlaient beaucoup, buvaient trop ou, plus simplement, rentraient chez eux à dix-huit heures pile pour retrouver leur femme et leurs gosses. Je pensais mener une vie plus « importante » que la leur, qui méritait bien le sacrifice de certains plaisirs.

« Peut-être, reprenait la cigale, mais tu es allé trop loin. Ne sens-tu pas que ton temps se rapetisse, qu'une journée qui s'achève sans que tu aies vraiment regardé le ciel est une perte, petite mais irrémédiable ? Et si tu t'apercevais, dans quelques années, que ta "réussite" n'était pas la vraie vie ? Regarde les bouts de papier dérisoires que tu remues chaque jour. Tu mènes une vie de con. »

En 1971, j'ai plaqué la fourmi, du jour au lendemain, et j'ai fait une fugue avec la cigale. Toute ma famille s'est retrouvée avec moi en Californie où je voulais tenter de réapprendre à vivre. Le terrain était tentant : professeur invité à Stanford. Pour la première fois, je n'avais plus de responsabilités d'entreprise. Je ne lisais plus *Le Monde*, et les nouvelles auxquelles j'étais conditionné à réagir ne me parvenaient plus. La rapidité de la désintoxication me montra que, pour malsaines qu'elles aient pu être, mes pratiques antérieures n'avaient pas créé d'accoutumance irréversible.

Se retrouver disponible pour se consacrer non plus à ce qu'il faut faire mais à ce qui vous plaît, quel rêve ! Ce ne fut pas pour autant la débauche, le stupre, l'absinthe ou les drogues (pourtant bien vues à l'époque sur les campus). Je me remis d'abord à lire à grandes lampées, comme le chameau qui boit en arrivant à l'oasis ; la psychologie et les difficultés d'avenir de la planète faisaient l'essentiel de mes choix de lecture.

J'ai surtout pris le temps de rétablir le contact avec ce qui satisfaisait mes sens. Serrer plus souvent dans mes bras femme, enfants et animaux, me rouler sur le tapis avec des chiens (qui, à la différence des humains, ne me déçoivent jamais), sentir et regarder la nature (grands séquoias, baleines du Pacifique, cactus géants d'Arizona). Écouter de la musique, car rien ne me fait plus vite retrouver l'harmonie interne, lézardée par une journée frénétique, qu'un concerto de Bach, Vivaldi ou Mozart. En quelques mois, des sensations qu'un abus de management avait atrophiées se trouvaient rééduquées. Je me sentais à nouveau entier.

C'est alors que la fourmi fit sa rentrée, non sans habileté : « D'accord, tu ne veux plus du genre de vie que tu as connu. Mais maintenant que tu te sens en bonne forme, que vas-tu faire ? Bien se sentir ne remplit pas une vie. Tu devrais essayer autre chose de difficile que tu n'as jamais pensé entreprendre. » Quelques jours plus tard, j'entamais la rédaction de mon premier livre, *Le Pouvoir d'informer*. Je retrouvai d'emblée mes méthodes familières (classement, dossiers, horaires fixes, production programmée) mais, cette fois, pour une création personnelle. Je m'arrêtais assez tôt pour profiter d'une paisible fin de journée et, malgré ce tempo mesuré, en six mois, j'achevais mes cinq cents pages.

Je commençais à espérer que la fourmi et la cigale pourraient peut-être coopérer. Selon quel partage ? La réponse est venue par la pratique. Depuis, en effet, la fourmi s'est réinstallée : j'ai écrit d'autres livres, repris mes activités de presse, assuré une émission de télévision, recommencé à voyager. La cage à écureuil tourne à bon régime. Mais je n'ai plus jamais accepté de sacrifier toutes mes heures éveillées à ces travaux. Je me suis aperçu, à l'expérience, qu'on pouvait les mener à bien en ménageant sa famille, sa sérénité, ses rythmes biologiques (dont l'importance croît avec l'âge).

Le fait de s'aménager un mode de vie ne donne pas de réponse à l'inévitable « Pourquoi tout cela ? ». Un ami médecin, plus âgé que moi, m'avait dit il y a une dizaine d'années : « Avant quarante ans, on doit savoir pourquoi on vit. » Ce n'était qu'une conversation banale, mais ces mots, depuis, me sont souvent revenus à l'esprit. Fallait-il comprendre que la réponse à sa question se plaçait sur un plan métaphysique, ou s'agissait-il simplement de préciser ses objectifs professionnels et matériels ?

Il dépend essentiellement de moi que chaque

journée me paraisse prometteuse ou au contraire absurde. Principal responsable de mon conditionnement psychologique, j'apprends à minimiser ce qui me nuit et à favoriser ce qui m'est bénéfique, c'est-à-dire ce qui, dans ma vie, lui donne un sens.

En premier lieu, la faculté d'aimer d'autres êtres vivants, humains ou animaux. J'y puise les satisfactions à la fois les plus élevées (oubli de soi, altruisme) et les plus instinctives (tendresse, intimité physique).

Ensuite, la capacité de créer – que ce soit une œuvre personnelle (un château de sable ou un livre) ou un projet collectif. Dans les deux cas, agir dans un but déterminé mobilise mes facultés et mes connaissances. Une façon de se sentir exister et de laisser un sillage, même minuscule, même éphémère.

Puis viennent ce qu'il est convenu d'appeler les plaisirs de l'existence : la lumière, l'harmonie, la connaissance, le bien-être. J'avoue rechercher des environnements et des circonstances qui répondent à la description de Baudelaire : « Là tout n'est qu'ordre et beauté, luxe, calme et volupté. » Dans cette quête, rien n'est négligeable. Quelle chance, par exemple, d'avoir dans ma salle de bains une fenêtre ! Quel privilège que celle-ci donne sur les arbres ! Je ne me lasse pas d'apprécier ce petit plaisir quotidien, interdit à tant d'habitants de constructions modernes où l'espace est toujours parcimonieux.

Enfin, la vie peut aussi, à mes yeux, trouver une signification dans ses circonstances les plus âpres, les plus impitoyables. Faire face, ne pas se morfondre, ne pas s'effondrer, ne pas amplifier les inévitables tragédies, voilà qui n'a rien de gai. Mais même avec le désespoir au cœur, le fait de réagir contre un destin arbitraire permet de trouver un sens : celui de continuer de vivre quand même.

2018
L'OCTO

« Graduellement se dessine non plus ce que j'aurais pu ou aimer être, mais ce que j'ai été. Ça et pas davantage. Le rendez-vous décisif avec soi-même : tout ça pour ça ? »

En lisant ce que je disais de la vie et du monde il y a quarante ans, je me sens dans une continuité. Ma vie aurait-elle été un long fleuve tranquille, même quand j'avais l'impression de traverser des turbulences ? Continuité de ma personnalité, mes intérêts, mes goûts, mes curiosités, mes désirs. Ils ont évolué, mais le fond de ce qui me motivait à sept, vingt-sept ou cinquante-sept ans me semble stable. C'est le moi que j'ai connu, devenu un vieux moi.

Pendant ce temps le monde a traversé des bouleversements (en majorité pacifiques, pour la première fois dans l'histoire sur une telle durée), mais ont-ils vraiment eu des conséquences sur ma vie ? En quatre décennies j'ai vécu des transformations dans cinq domaines : le monde alentour, mon mode de vie, mon travail, mon entourage, ma vision de l'existence. Ils m'ont affecté de manières inégales.

Sur l'état du monde, chacun dispose à tout

instant des mêmes éléments d'information. Cette immédiateté peut occulter l'ampleur et la rapidité de ces tsunamis démographiques, géopolitiques, technologiques, économiques. Le monde de ma naissance, juste avant l'atroce seconde guerre mondiale, semble un Moyen Âge aux nouvelles générations. Mais en quoi me suis-je senti concerné, ou en ai-je été affecté moralement ou matériellement ? En France, le seul changement décisif à mes yeux aura été l'abolition de la peine de mort en 1981. Couplée avec la première alternance droite-gauche de la Ve République, elle a achevé de faire de mon pays une vraie démocratie. Toutes les autres péripéties politiques ont monopolisé l'attention des médias, donc la nôtre au jour le jour. Mais qu'en reste-t-il de marquant ? Pas grand-chose qui mérite qu'on s'en souvienne. Au fond, avec ses particularités, la France n'a fait que suivre la marche du monde avancé, dont elle fait partie, vers d'incontestables progrès.

Plus étonnant, dans mon mode de vie au quotidien, des talismans me sont devenus familiers. Dans ma poche, celui qui me permet de tout savoir sur tout, à tout instant et n'importe où, et de contacter instantanément presque tous mes contemporains. Sur mon bureau, l'écran où j'affiche tout mon travail, tous mes écrits, tous mes échanges avec les autres et une infinité d'autres richesses, souplesses et divertissements.

Côté boulot, ces quarante ans ont été plutôt

chahutés. Quasi-faillite du Groupe Expansion, vingt-cinq ans de ma vie. Baroque aventure marocaine, très revigorante. Étonnamment, elle m'a amené, à soixante ans, par un coup de hasard, à reprendre *Psychologies*. Cette coquille de noix inattendue aura été mon plus décisif succès de presse et la tranquillité de mes vieux jours. L'explication : les sujets traités par ce magazine, le comportement humain, sont ceux qui m'intéressent vraiment. Je devais être plus fait pour ça que pour mes journaux précédents, économiques ou politiques. Il était temps de terminer en beauté, car le métier que j'ai pratiqué, la presse écrite, est frappé d'une anémie sans recours. En passant, j'ai créé Radio Classique, pour le plaisir d'en être auditeur. Je suis devenu un auteur sérieux, d'une quinzaine d'essais plutôt bien reçus, désormais ma seule activité publique. Elle me conserve un petit rayon d'action en société.

Mais la pente inexorable est l'attrition de mon entourage humain. De ma tranche d'âge, beaucoup sont morts et mourront de mon vivant. D'autres se sont faits plus lointains, en distance physique et en centres d'intérêt. Presque toutes mes relations construites dans et par le travail se sont dispersées. En dehors de ma famille, heureusement proche, j'essaie d'entretenir quelques contacts au statut hybride, mi-amical, mi-mondain. Ils sont à portée de mail et la cuisine de Perla les attire. Grâce à quoi il nous arrive de les réunir, ne serait-ce que pour avoir un peu de bruit autour de soi.

Mais l'avancée en âge est inévitablement un rendez-vous avec soi-même. En réfléchissant à ce que j'ai entrepris et réalisé, j'ai mieux compris qui je suis et mesuré mes limites. Mon ami Xavier Gorce, le philosophe qui dessine des pingouins, l'a mis dans la bouche de l'un d'entre eux, qui se considère devant un miroir en pied : « N'être que soi. Et l'accepter. Le travail d'une vie. » Tout est dit. Une évidence que l'on ne découvre qu'avec le temps.

Les années sont un filtre qui élimine le fantasmatique, l'illusoire, l'inaccessible, l'inutile. C'est un tri permanent entre ce qui m'est encore accessible et ce à quoi il vaut mieux renoncer de mon plein gré. Des pans entiers de possibles disparaissent, du fait que mon corps devient moins fort, moins agile, moins dynamique. Moins ardent aussi et c'est tant mieux. Des désirs moindres valorisent d'autant ceux qui demeurent et paraissent plus authentiques.

D'autres structures de vie quotidienne se terminent en quittant l'univers professionnel. Je n'en vois pas seulement les moins, mais les affinements, les simplifications qui en découlent. Par exemple, je m'amuse à observer la politique comme un carnaval des ambitions, mais les rôles convenus des gouvernants et des opposants, les réflexes court-termistes et électoralistes manquent de vision, sans même parler d'idéal. De l'univers marchand se dégage pour moi un profond ennui.

S'agiter pour fabriquer de l'argent ramène le sens de sa vie au râs du sol. À moins de n'en valoriser que le côté ludique, ou de se délecter de la richesse pour elle-même.

Mes essentiels n'ont pas varié : amours, nature, musique, animaux. Que du naturel, tout à fait accessible, il suffit de leur consacrer plus de temps prioritaire. Les premières pâquerettes printanières, ma main sur la cuisse de ma femme, un échange de regards avec mon chien, un quatuor de Beethoven écouté les yeux fermés sont plus que jamais mes sources de félicité. Ça simplifie la vie.

En considérant sans illusions l'homme que j'ai été et tous ceux que je n'ai pas pu ou voulu être, je fais connaissance avec mon moi réel. Cette prise de conscience pourrait être douloureuse, j'observe qu'elle est pour moi sereine et j'en suis soulagé. Au long du voyage il m'est arrivé de me survaloriser, mais n'est-ce pas une tendance banale pour chacun ? Ça m'a probablement aidé dans les passages difficiles. Personne ne m'avait annoncé ce rendez-vous de l'Octo. Pour l'instant il se passe bien. D'autant mieux peut-être que je sais avoir devant moi un parcours d'obstacles biologiques redoutables.

L'avenir

1978
LE QUADRA

« On ne peut pas s'émerveiller chaque fois qu'on allume l'électricité, qu'on décroche son téléphone ou qu'on monte dans sa voiture. »

Dans quarante ans, sauf accident, mes quatre-vingts berges coïncideront avec le centenaire de la révolution d'Octobre. Si je suis ce jour-là pensionnaire d'une clinique psychiatrique pour ex-bourgeois, j'espère que grâce à la simultanéité des événements, nous aurons de la glace à la vanille au dessert. À moins qu'à cette date je ne vive déjà depuis douze ans sur le quai de la station Châtelet, pour échapper à la radioactivité...

Comme mille et une autres situations sont imaginables, inutile de spéculer sur les circonstances de cet encore lointain anniversaire. Mais à l'évidence, les quarante prochaines années comptent aujourd'hui bien davantage pour moi que les quarante dernières, puisque celles-ci n'existent déjà plus qu'à l'état de souvenir. S'il me faut donc encore sauter de mon lit quatorze mille six cents fois, que vais-je trouver en me levant ainsi chaque matin ?

Pour mes parents et mes grands-parents, l'avenir

était porteur de trois promesses qui justifiaient leur optimisme : le progrès, l'abondance et le socialisme. Elles se sont accomplies. Et pourtant le malaise demeure.

La plus éclatante réussite fut celle du progrès. Science et technique ont, en moins d'un siècle, multiplié par mille notre puissance, notre vitesse, notre confort. Jules Verne qui, sous Napoléon III, croyait inventer la science-fiction faisait plutôt – sans le savoir – de la prospective à court terme. Mais les résultats les plus décisifs pour chaque individu restent ceux de la médecine qui, en trois générations, délivra notre vie quotidienne de la malédiction de la douleur, de l'infirmité, et fit reculer la mort.

Côté abondance, ce n'est pas un mince accomplissement que d'être passé en si peu de temps d'une misère quasi générale à la prospérité inégalitaire. L'électricité, l'eau courante, la viande et les fruits – désormais minimum vital – ont arraché des nations entières à des millénaires d'obscurité, de froid, de crasse et de carences alimentaires.

Tout cela en quelques décennies et malgré les monstrueuses guerres de cette période. Pourquoi donc, devant ces succès, les lendemains, au lieu de chanter, se mettent-ils à gémir ? Pourquoi en sommes-nous revenus à la futurologie gauloise et nous attendons-nous à ce que le ciel nous tombe sur la tête ?

C'est peut-être, d'abord, que notre étonnante

capacité d'adaptation s'est retournée contre nous. Nous nous sommes facilement habitués aux prouesses du progrès et aux débuts du confort. On ne peut pas s'émerveiller chaque fois qu'on allume l'électricité, qu'on décroche son téléphone ou qu'on monte dans sa voiture. On ne pense pas tous les matins à se féliciter d'avoir échappé à la tuberculose et à la poliomyélite. Bref, le seuil de notre satisfaction s'est automatiquement relevé.

Après avoir été la proie du destin depuis les mammouths, l'individu moderne s'est si vite accommodé de la sécurité (de la santé, du niveau de vie, de la propriété, de la liberté) qu'il en est désormais obsédé. Cette révolution de la sécurité, imprévue de Marx, est profondément conservatrice, et nous commençons seulement à en entrevoir l'ampleur et les effets. La nature humaine, oublieuse de ce qu'elle vient d'obtenir et fascinée par ce qui lui manque encore, suffit à nous rendre maussades au moment même où notre niveau de vie double en vingt ans.

Vite blasés, nous voici en même temps surpris par ce que ni Jules Verne ni Pasteur n'avaient prévu : les nuisances du progrès. Comme des enfants devenant adultes, les humains apprennent collectivement qu'un bienfait arrive rarement seul et que l'accomplissement des « grands espoirs du XXe siècle » apporte aussi l'enlaidissement, l'encombrement et l'empoisonnement.

Les succès remportés contre la mort déclenchent

la prolifération des vivants ; la maîtrise des sources d'énergie rend la nature inhabitable ; la généralisation de la prospérité resserre notre espace vital et notre marge de manœuvre. Mais la conséquence la plus tragique de nos prouesses scientifiques, c'est que les plus grandioses d'entre elles portent sur l'armement. On pouvait compter sur l'homme pour tourner en priorité son génie vers les moyens de s'entre-détruire. Avant d'essayer de rendre le monde habitable, nous nous sommes assurés que nous pouvions le faire sauter plusieurs fois. Étrange priorité.

À l'élévation du seuil de satisfaction et à la découverte des « progrès négatifs » s'ajoute une troisième raison de déprime planétaire : l'amère leçon du socialisme avorté. Désormais, il n'y a pas d'autre grande idée simple pour prendre la relève. La crise morale n'en est que plus profonde. Faute de mieux, on se réclame encore de l'idéal socialiste, sans oser en donner une description plus précise que : « Nous ne ferons pas comme les autres ». Ni exaltant ni rassurant. Nous allons donc continuer à vivre cette crise de l'imagination politique, puisque les bancs d'essai des doctrines les plus séduisantes se sont, au XXe siècle, terminés dans les cachots et le sang.

Peut-être est-il plus raisonnable de ne plus faire semblant de croire que la société ne puisse progresser qu'à coups de révolutions. Peut-être faut-il en passer par cette constatation pour accéder à la maturité dans les rapports sociaux. Peut-être ces deux derniers siècles d'idéologies foisonnantes constituaient-ils l'adolescence politique de l'humanité et n'atteint-elle que maintenant le début de sa maturité. Mais pour l'immédiat, le choc de la désillusion explique la morosité ambiante.

Car les ennemis ne seront plus, comme pour nos ancêtres, les éléments naturels – pluie, soleil, fauves, épidémies – ou des tyrans de tout poil – César, rois, nobles, Hitler, les « deux cents familles », Staline – auxquels il suffisait, croyait-on, de couper la tête pour instaurer la justice. L'ennemi, celui qui fait peser sur l'humanité des menaces si graves qu'elles vont peut-être l'engloutir, c'est vous, c'est moi, c'est nous.

En pensant à 2018, je me demande si notre goût immodéré pour les prévisions n'a pas pour seul but de compenser notre difficulté à comprendre le présent. Je ne chercherai donc pas à deviner ce que pourront être les quarante prochaines années, mais je sais que les questions essentielles à leur propos ne se posent plus en termes de progrès ou d'idéologies. Celles qui me préoccupent sont plutôt : l'humanité survivra-t-elle ? Si oui, dans quel état ?

La liberté et le bonheur dans les sociétés avancées dépendront surtout de notre capacité à y réduire l'économisme au profit d'un nouvel humanisme. L'humain a payé cher son potentiel matériel. Il a dû soumettre sa vie à des critères financiers, techniques et bureaucratiques.

Aujourd'hui, on ne mesure pas le succès d'un gouvernement aux niveaux de liberté et de bonheur de ses citoyens, mais à ses indices de croissance, de production et d'investissement. S'ils sont insuffisants, il est convenu que les humains devront se contraindre un peu plus pour rétablir des objectifs exprimés en termes strictement économiques. Prétendre que l'on puisse, dans les cinq à dix ans, bouleverser cette approche relève, hélas, de la naïveté. Mais pour les quarante ou cinquante prochaines années, le seul objectif digne d'intérêt est bien de faire de l'humanisme le critère de choix collectif. C'est alors seulement que l'on pourrait parler de civilisation.

Après avoir connu, dans la première partie de mon existence, une course aux conquêtes scientifiques et matérielles, je m'attends à ce que la seconde, s'appuyant sur les résultats de la première, soit dominée par les préoccupations sociales – celles de la répartition des richesses. Plus tard, dans le prochain siècle, la dominante passera probablement sur l'accomplissement le plus complet possible de la personnalité de chacun. Mes petits-enfants approcheront alors de l'âge de la retraite.

2018
L'OCTO

« Mon interrogation majeure sur notre époque se situe au niveau des valeurs. La seule qui reste universelle : le culte de l'argent, celui d'un veau d'or 2.0. »

C'est l'histoire de l'ermite qui vient de passer vingt ans seul et redescend de sa montagne. Arrivé dans la plaine, il interpelle un passant : « J'étais absent, qu'est-ce qui s'est passé dans le monde depuis vingt ans ? – Euh… le pape est mort. » J'aime l'exercice intellectuel de se détacher de l'actualité, de l'hyperbole médiatique où tout est annoncé comme important. Qu'est-ce qui a vraiment compté depuis quarante ans ? Quel avenir cela nous annonce ?

Un jugement sur une durée longue fait rapetisser les événements. Quand je pense ainsi à la France, je la trouve étonnamment stable. Aucun bouleversement inquiétant, ni prometteur. Une démocratie chicanière, mais qui fonctionne. Le niveau du débat politique consterne souvent, mais rien de nouveau à cet égard. Et les alternances politiques, dont on fait grand cas lorsqu'elles se produisent, n'ont pas changé grand-chose au cours habituel des choses.

La France s'est enrichie, la consommation y a presque triplé en quatre décennies, pendant que les inégalités se sont réduites. La démographie a continué à progresser, davantage que chez nos voisins.

Les progrès sociétaux sont peut-être les plus notables : la guillotine au musée des horreurs, l'avènement des femmes, la tolérance accrue pour les LGBT avec le mariage pour tous. Quant à la vie pratique, la principale réalisation a été le réseau TGV. Malgré les débats inlassables sur le déclin, la déprime, voire le suicide français, notre pays a suivi son petit bonhomme de chemin de pays européen prospère.

Même l'intense débat sur l'immigration doit être ramené à la réalité des chiffres. Depuis quarante ans le nombre d'étrangers en France n'a augmenté que de 1,7 million de personnes, pendant que le nombre de Français bondissait de dix millions. Le nombre d'étrangers par rapport à la population est inférieur chez nous à la moyenne européenne. Au-delà des slogans creux et des gros mensonges, le pays où je viens de vivre ces quatre décennies a avancé, mais tel qu'en lui-même.

S'agissant de l'humanité dans son ensemble, il faut une fois de plus mettre en avant la croissance démographique, qui est à l'origine de la plupart des difficultés politiques, économiques, écologiques et migratoires. Sur la planète, la population vient de presque doubler en quarante ans, ce qui est sans précédent dans l'histoire de notre espèce. Pas étonnant que les risques climatiques et migratoires qui en découlent dominent désormais et pour longtemps le débat mondial. Et pourtant la grande pauvreté a fortement reculé et pourrait presque disparaître d'ici dix ans. Là aussi une prouesse dans l'histoire des humains.

Pendant ces dernières décennies la paix mondiale a continué à régner, sauf au Moyen-Orient qui s'est une fois de plus embrasé. Par un étrange miracle, le soviétisme est mort d'épuisement, mais la Russie continue à se positionner comme antagoniste. Or celle-ci n'est première que par sa surface géographique, pour le reste elle pèse en population et puissance économique le dixième de la Chine. Le bouleversement géopolitique le plus conséquent est du reste la propulsion de cette dernière au tout premier rang des puissances mondiales. Dans son sillage l'Asie s'apprête à dominer ce siècle. Pendant ce temps l'Europe stagne en puissance et décline en population. Focalisée sur des questions de fonctionnement de l'Union européenne, elle semble ne pas réaliser qu'elle est en train de devenir une Suisse prospère mais marginale du monde de demain.

Enfin, depuis près de vingt ans, le terrorisme rend les nations nerveuses et plus égoïstes. Il obsède le débat politique alors qu'il fait cent fois moins de victimes que les accidents de la route.

La grande et formidable (un mot qui évoque à

la fois le redoutable et l'admirable) nouveauté à l'échelle mondiale est l'irruption des technologies numériques. En même temps la puissance illimitée des ordinateurs est en voie de rendre l'intelligence artificielle centrale dans les activités humaines. Même si l'on est encore loin d'avoir vaincu la mort (à supposer que ce soit souhaitable), c'est la science, bien plus que la politique, qui va donner à ce siècle sa portée historique.

Mon interrogation majeure sur notre époque se situe davantage au niveau des valeurs. Qu'elles se nomment religions, idéologies ou humanisme démocratique, les valeurs sont le logiciel ou l'algorithme qui sous-tend l'action de chacun. Les idéologies sont mortes, les religions, à part l'islam, voient leur pratique s'étioler et l'humanisme exprimé par la Déclaration universelle des droits de l'homme de 1948 est de plus en plus décrié, sinon combattu. La seule valeur universelle reste donc le culte de l'argent, celui d'un veau d'or 2.0, souverain sur toute la planète. « Faire vite beaucoup de fric » est l'obsession générale, il ne peut en résulter qu'un monde régi par un matérialisme sordide. Les nouveaux prophètes sont des multimilliardaires. Au mieux des philanthropes, au pire des requins, mais rarement des pionniers de la transcendance.

Le principal problème éthique sera de plus en plus l'accroissement vertigineux des inégalités eu égard aux fortunes colossales détenues par 1 % de la population. Dans nos social-démocraties européennes, les inégalités sont relativement contenues, mais partout ailleurs elles sont le ferment d'une colère populiste qui pousse à des choix politiques simplistes et brutaux.

Les nouveaux régimes politiques de ce siècle, qu'on les dise illibéraux, démocratures ou autocraties, seront d'autant plus liberticides qu'ils disposent des technologies qui permettent de surveiller et contrôler chacun de leurs citoyens. La Chine n'hésite pas à afficher ses objectifs de contrôle social électronique. Si elle y parvient pour 1,4 milliard d'individus, ce sera un jeu d'enfant partout ailleurs. Bref, la liberté et la tolérance ne se portent plus très bien.

Suis-je pour autant pessimiste sur l'avenir de notre espèce et tout particulièrement de ceux qui me sont chers ? Je n'ai ni hésitation ni honte à me déclarer optimiste, et pas seulement parce que cela m'assure un meilleur sommeil.

Venant de passer quatre-vingts ans en compagnie des humains, je les ai vus à l'œuvre et j'ai un peu étudié leur histoire, surtout depuis dix mille ans, où ils ont inventé l'agriculture. Pendant cette courte période à l'échelle des cent mille ans d'existence des *Sapiens*, ces derniers ont travaillé, construit, conquis, pensé et bâti ainsi le monde d'abondance infiniment complexe dont nous bénéficions. Pourquoi tout se détériorerait ou se détruirait maintenant ? Pendant une centaine de siècles notre espèce a survécu à des catastrophes, parce qu'elle a fait usage de ses neurones. Je préfère parier qu'une fois encore elle y parviendra. Ce ne sera jamais facile et les tragédies seront nombreuses sur ce parcours d'avenir, mais je continuerai à miser sur la résilience de mes semblables et tout particulièrement de nos successeurs.

Épilogue

De mon vivant

Cette fois, il faut être réaliste, je ne vais pas pouvoir vous donner rendez-vous dans quarante ans. Je viens d'aligner des vues d'avenir, que je crois plus prometteuses que menaçantes, mais cet avenir ne sera pas le mien. Le principal travail d'un octogénaire n'est-il pas de le comprendre et de s'y adapter de son mieux ?

Je m'en rends compte à la simple consommation médiatique quotidienne. Sans cesse on nous abreuve de projections, sur 2030 ou 2050, et mon nouveau réflexe est de me dire : « C'est pour mes enfants et leurs propres enfants. » Statistiquement il pourrait me rester un dixième de mon existence à vivre. En fait tout peut s'arrêter à tout moment. Mais, par tempérament, je préfère considérer la poignée d'années que j'ai peut-être encore devant moi comme une nouvelle et ultime phase de mon parcours, dont il me revient de tirer le meilleur.

De mon vivant, le monde extérieur ne va guère changer. Il est même possible que je ne connaisse plus d'autre président de la République qu'Emmanuel Macron. Les traitements des maux de la sénescence qui me guettent sont déjà connus et il n'y a pas de miracle à attendre de ce côté-là. Compte tenu de l'âge de plus en plus tardif de la procréation, je ne connaîtrai pas beaucoup de mes arrière-petits-enfants. Mon chien et mon chat, encore très jeunes, ont de bonnes chances de me survivre.

Moi qui par tempérament et atavisme paternel ai toujours été attiré par l'avenir, j'évite désormais de me projeter en pensée vers le mien. De même qu'au bord d'un gouffre on ne se penche pas par-dessus le parapet. Me voici donc jardinier convaincu du présent. N'est-ce pas ce que toutes les philosophies ont toujours préconisé ? Mais cette fois je n'ai pas le choix.

Un exemple. Au fil de l'actualité j'apprends constamment qu'untel, plus jeune que moi, juste de mon âge ou à peine plus vieux, vient de mourir. Rien de tel pour m'assurer que, demain matin au réveil, je m'émerveillerai d'être encore là.

Je regarde ainsi ma vie par l'autre bout de la lorgnette. Vieillissant, il est inévitable que mes moyens physiques ou intellectuels se réduisent. Lorsque j'en fais l'expérience, je ne m'afflige pas de ne plus pouvoir courir longtemps, mais me félicite d'être encore capable de marcher des kilomètres avec plaisir. Discutant avec ma femme, il nous arrive de ne parvenir ni l'un ni l'autre à retrouver le nom de la personne dont nous parlons. Jusqu'à ce que, soudain, à elle ou moi il vienne au bord des lèvres. Amusantes petites victoires. Et puis je l'avoue, lorsque j'observe l'état de bien des personnes de mon âge, la comparaison est plus gratifiante que charitable. Un octogénaire ça apprend à se faire plaisir avec trois fois rien.

Mon enracinement s'affirme. Moins envie de voyager, sinon pour rendre visite à ceux que j'aime, ou retrouver du soleil en hiver. Encore moins de déménager : on tient de plus en plus à ses habitudes, trop tard pour en changer. Ce qui m'oblige à apprécier de plus en plus ce que je considérais naguère comme ordinaire. J'ai pu craindre un temps qu'en vieillissant on perde le goût des choses, qu'elles deviennent indifférentes. Pour le moment ce serait plutôt l'inverse, l'ordinaire a par anticipation une saveur de rareté.

Je ne tire de tout cela aucune leçon définitive, car je n'oublie pas que je ne suis qu'un jeune octo. Ce qui me rappelle le mot de cette douairière du XVIIIe à qui l'on demandait : « Madame, quand est-on enfin libéré des feux de l'amour ? – Je ne saurais vous dire, je n'ai que quatre-vingts ans. » Il me suffit de penser à la montée impressionnante de nonagénaires actifs et non dépourvus de séduction pour conclure, en toute relativité, que je peux encore me considérer comme bien vivant. J'en profite en souriant.

En terminant cet auto-examen au crépuscule, je choisis de vous épargner d'autres considérations ou formules lapidaires sur la mort. Qu'elle soit proche relève de l'évidence, mais se préparer intérieurement pour ce grand rendez-vous fait aussi partie de ma vie. Si elle veut bien m'en donner le temps, pourquoi pas un nouveau livre ?

Composition IGS-CP
Impression CPI Bussière en décembre 2018
Éditions Albin Michel
22, rue Huyghens, 75014 Paris
www.albin-michel.fr
ISBN : 978-2-226-44003-7
N° d'édition : 23339/01 – N° d'impression : 2038242
Dépôt légal : janvier 2019
Imprimé en France